JN219979

いのちと出会い

認知症という病気に向き合うた

松本診療所（ものわすれクリニック）院長

松本 一生 著

株式会社 ワールドプランニング

はじめに

　だれの人生にもそれぞれの「時期」があります。本書を手にした読者にも，そして著者にとってもそれは音もなく近づき，また当然のごとく去っていきます。

　目的もなく学業成績を求めた幼少期，社会から脱落しそうになった思春期，そして医師になってからもどのような方向に進むか模索を続けた時期，さらに自己同一性のないわが身を模索し続け，やっと認知症という専門分野を見いだした時期．そしていま、そこから逃げずに30年ほどの年月が経とうとしています。

　そのようなとき、人生で最大の危機が訪れました。これまで妻の母の介護者や自分の両親の見守りをする立場が続いた人生でしたが、その締めくくりに妻を介護する夫としての役割を演じ切る「時期」がやってきたのです。

　これまでの臨床医である自分のイメージ、大学教員（兼任）としての自分、そして執筆者である自分などを意識してきましたが、妻が体調を崩したとき、まさに著者にとって、これまでのすべての場所から撤退しなければならないと思うほど生活が激変したのです。自らの人生を賭して共に生きるつもりで参加した日本認知症ケア学会を去らなければならないかと思うほど、当時の筆者は追い詰められていたのだと思います。

　そのようなとき、本稿の執筆が著者の救いとなりました。朝日新聞

デジタル版のコラムとして読者（当事者・家族・支援者）に希望を与える新たな役割が訪れてきたからです。本書はその連載「認知症と生きるには」に大幅な変更を加えて1冊の本にまとめました。

　新聞という媒体を通してはじめて認知症という疾患と出合い、理解をする読者に希望と救いが訪れることを願いました。それと同時に筆者に与えられたこれまでの「医療者」としての視点ではなく、筆者が新たな人生の「時期」を迎えるための救済となる連載でもありました。

　本書に出てくるさまざまな事例には，かつて筆者が書いた他の著作に似た事例を含んでいます。そのような事例は省くべきかもしれないのですが、これまでの著作10冊のどこかでみたような事例でもあえて掲載することにしました。この1冊で初めて認知症を知る人であっても著者の考え方が伝わることを願った結果です。また事例に掲載された皆さんの氏名は，個人情報の保護の観点から，すべて仮名とさせていただきました．予めご承知おきください．

　自己同一性に悩んだ筆者がたどり着いた「この人生の時期」までの認知症支援30年の記録が読者の明日への希望につながることを願っています。

　2019年10月15日

　　　　　　　松本診療所（ものわすれクリニック）

　　　　　　　　院長　松　本　一　生

もくじ

ある女性との出会い

　私の認知症への第1歩は，「認知症専門の開業医を目指す」という強い意志をもってスタートしたのではなく，私の両親が68年前に開設した診療所を営んでいた父が急逝したために，急いで大学院から戻って継いだという非常にあやふやな理由でした．

　院長・理事長であった父は歯科医師として，また母は内科・眼科医として，地域の人々に支えられて診療所を営んでいました．その父がある日の夜間診療を終えて夕食をすませたあと，ほんの数分，「気分が悪い」とだけ言い残して心筋梗塞で亡くなりました．内科医の母に看取られて本望だったのかもしれませんが，慌てたのは私です．父の後を継ぐべく歯科医師になり，その後にもう一度医師を目指して医科大学を終え，大学院に入ったところでの出来事です．考える暇もなく診療所を継ぎ，考えるゆとりもなく，自分が診ることができる「認知症」を主とした精神科を始めることになりました．

　当時は認知症について，いまよりもっと根強い誤解がありました．「うちの家系には認知症などという忌まわしい病気になる者はいない」という誤解，「認知症なんかになるなんて，本人が怠けているからだ」などと，いま考えるととんでもない根性論のような病気へのイメージがありました．いや，そもそも「病気である」というしっかりとした認識さえなかった時代であったと思います．

　そのような時代に，認知症は病気であり，完治することはないけれ

ど症状を少しでも軽くして，その人が本来もっている命，生きる力を少しでも伸ばそう，と考えた精神医学の先達がわずかですがいました．認知症の医療は，私が精神科医になったころでもまだ主流ではなく，少数派でした．しかし，そのような先輩たちを見習いながら，自分も町中で懸命に生きる認知症の人と，その人を支える家族とともに人生を過ごすことを決めました．これが私の医師としての人生の始まりです．

開業医として，また一方では診療所からほど近い母校で大学院生を続けて2年ほどたったころ，その人はやってきました．田中優子さんです．初診の手続きを終えたカルテが手元に届き，見るとずいぶん遠くから来院したことがわかり驚きました．なかなか本音を出さない人でしたが，何度か来院するうちに少しずつ本音を語り出しました．

70歳を少し過ぎた彼女は「先生は精神科医ですよね．精神科医なら私の秘密は守ってくれますね」と言い出しました．精神科医に限らず医師ならだれもがみな患者さんとして来院した人の秘密を守ります．この守秘こそもっとも大切なことであると告げると，少しほっとした表情で次のような言葉が出るようになりました．

「私の家は祖父母も両親も教師で，兄や私も当然のように教師になる道を選び，その地域の学校で教えてきました．私も中学校の教頭まで勤めて定年になりましたが，その後も地域社会の役に立ちたいと願って，その地区のボランティア会の会長としてこの10年を務めてきました．

そんな私が自分の間違いの多さに気づいたのが3年ほど前です．いまどこで仲間が活動しているか，わかっているはずだったのに何度も間違えるようになってしまいました．はじめは「気のせいかな」「疲れているからだろう」などと思って深く考えないようにしていましたが，仲間配置を3回繰り返して間違え，その人から『いい加減な配置

をするのはやめてほしい』とクレームが入ったときに，はっきりと自分でも気がつきました．

ところがそのことを周囲の仲間に話しても取り合ってくれません．『田中会長ほどの人がそんなミスをするはずがありません』『あなたがボケなら，私たちは大ボケよ』，その場にいた全員が爆笑しました．きっと私のことを気遣ってみんなは笑ってくれているのだ，などと自分だけが被害感情をもっていたのかもしれません．しかし，そのときの私はとてつもない「寄る辺なさ」を感じました．「身の置き所のない不安」といったものでした．

この田中さんの告白を聞いたとき，私はまだ認知症の人にこれほどの悩みやこころのつらさがあるということを理解できていませんでした．彼女と出会い，その後8年にわたり診察を続けたことが，認知症の（こころの）専門医としていまある私の姿勢をつくることになったのです．

2

認知症の人のこころと付き合う覚悟

　父親の急逝により，急きょその跡を継ぐことになった私のもとを訪れた田中優子さん．彼女は「認知症になったのではないか」という，その不安な思いを次のように明かしてくれました．

　仲間は私のことを知っているから話にのってくれません．それなら大きな病院で相談にのってもらおうと思いました．少し離れたところにある市民病院を受診して，もの忘れが気になることを訴えたところ，医師はいくつかの検査をして，『なにも心配ない』とだけいいました．ほんの 10 分ほどの質問でわかるのでしょうか．不安はより大きくなってしまいました．

　そのような受診をいくつも重ねていたある日，兄から電話がかかってきました．『お前，近所の噂になっているぞ．もの忘れをする，と自分から近所で言い続けて，いくつも病院を巡っているらしいじゃないか．俺の耳にも入ってきたほどだ．うちの家の名誉をお前ひとりで汚すつもりか．自重しろ』と兄は怒り，電話を切りました．そのときの寂しさ，寄る辺なさ．

　私は教師一家に生まれて自分も教師としてやっていくことを決意し，人生をその道にささげました．そのために家庭をもつことを選ばず，生涯を仕事にささげてきたつもりです．それがいまになって自分の気持ちを受け止めてくれる人がどこにもいないと気づき，愕然（がくぜん）としてしまいました．兄は何度私が胸の苦しさを話しても『気

合が入っていれば脳は働く，もの忘れなどは頭をいつも使っていると起こるわけがない』といいます．「先生，私にはあなたが最後の砦（とりで）なんです．まだ若そうですが（当時の私は 37 歳でした），私のこころと付き合ってくれる覚悟はありますか．」

　このように問われた私は改めて認知症の人の傍らをいく「伴走者」としての自分が求められていることに気づかされました．もう逃げられません．

　それから 8 年間，田中さんは私の診療所に通い続けて天寿を全うしました．亡くなる直前までひとりで生活をされていました．一般的には認知症になる前段階の「軽度認知障がい」というレベルの人は，認知する働きや記憶は低下してもひとりで生活できるレベルです．しかし，認知症が進んでくると単身で生活するのがだんだん難しくなります．当時は軽度認知障がいという概念は一般的ではありませんでしたが，田中さんはその段階でした．私の診療所を受診し，その後，時間が経つにつれ認知症が進んでいきました．でも，田中さんは亡くなるまで認知症とともに生き，そして旅立っていきました．この 8 年間に私の認知症に対する診療の姿勢が形づくられたといまでも思っています．

　自分のもの忘れ，これまでとは異なる点に気づいた人は，計り知れないほど大きな不安をもつ場合があります．田中さんがその典型例のような人でした．なかには当初，自分の変化に気づかず，家族や周囲の人が気づいているのに自分自身はそのことを認めない人もいます．わたしたちは田中さんのような心情になっている人と向き合うとき，無意識に「その人を元気づけよう」として次のような言葉を口にしてしまいがちです．

　「あなたに限ってそんなことはない．気のせい，気のせい，だれにでもあるわよ．」

　このとき，田中さんのように悩んでいる人にとって，その言葉は力づけにはならないと彼女は教えてくれました．そのようにいわれると，勇気を出して自分の胸の内を告げたのに（吐露したのに），何となく目の前に戸板を立てられてしまって，それ以降の胸の内を出せなくってしまったと彼女はいいました．

　当時は，結果ばかり追いがちな時代で，「生産性のある人にだけ価値がある」と考えられていました．いまは不都合があっても，「それでよし」といえる時代になったと思いたいのですが，まだまだ世間は認知症という病気に対しては寛容になっているとはいえません．

　当時と比べると，確かに「認知症は病気である」という認識は広がったと思います．田中さんのお兄さんのように「気合が入っていないからだ」といってのける人は減ったと思います．しかし，「だれでもなる可能性がある病気」だからといって，その人が最初に受けるこころの衝撃や絶望感を軽く考えすぎることにも抵抗感があります．

　数年前ですが，認知症の人のこころをテーマにした講演会をしたところ，その場にきていた医師から「先生のテーマはあまりにも暗すぎる．いまは介護保険もあって，早期に診断して薬も使えば何とでもなるじゃないですか．病気が進めば，それを受け入れてくれる施設もたくさんあります．なにもこころをテーマにして認知症を複雑にしなくても，ただの病気でいいじゃないですか．明るくいきましょうよ」と発言されたことがありました．認知症を病気としてとらえ，決して絶望視しない，よい時代になりつつあるなと思う反面，この医師の発言には抵抗がありました．認知症のつらさと向き合いながら，それでも認知症と生きる人，その家族，それを受け入れる地域，すべての人のために，ペンを進めたいと思います．

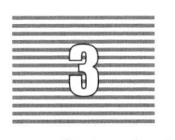

これまでとは違う自分への不安

　私が精神科医局に入ったのは35歳（1991年）になってからのことでした．歯科医師としてスタートした後に，改めて医師となったことから，遅い医局入りとなりました．

　両親が共に在宅医療をしている姿を見てきました関係で，当然のことのように歯科医になった私も患者さんのいる家に出向いていました．

　しかし，いまとは違って便利な訪問診療機材がないような時代でしたから，実現には程遠く，私はとんでもない夢想家だと思われていました．やっとの思いで医局に入ったとき，先輩から，

　「君は歯科医でありながら精神科医師を目指しているわけだから，これからなにをやりたいの？」

　「はい，私は口腔ケアをしてきましたから，在宅で療養する認知症の人のつらさを軽減する心理療法（カウンセリング）に力を入れたいです．症状が進んだ人には誤嚥（ごえん）も防ぐために口腔ケアを行うつもりです」と答えました．

　いまならこれを聞いた多くの医師はわかってくれると思います．当時の医局でも多くの先輩は理解してくれましたが，一部には「認知症は物事を忘れる病気で，そのことを本人は自覚などしていない．そんな人がなぜ悩んでカウンセリングを必要とするのか」といわれ，返す言葉を失ったことがありました．

　古い教科書には，年相応のもの忘れ（健忘）の人には「もの忘れをしていることに自覚があるけれど，認知症の人にはその自覚がない」と書いてあったことから，一部の先輩がそう考えるのも仕方がない時代だったのかもしれません．

　しかし，実際はそうではないのです．私の診療所に初めてきた患者さんが，いつの時点で自分の病気に気づいたか，分類したデータをご覧ください．

　診療所の看板には「ものわすれクリニック」という通称を併記していますので，それを見た人が「自分や家族のもの忘れを診てもらおう」と来院されることもあります．そのため，このデータは一般的な社会の状況ではなく，診療所に来た人のなかでの内訳にすぎません．それでも認知症，もの忘れが気になって自ら来院する人が多いことに気づくでしょう．

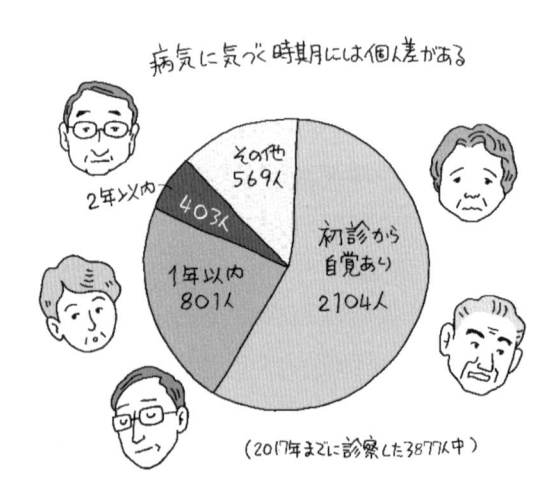

病気に気づく時期には個人差がある

その他 569人
2年以内 403人
1年以内 801人
初診から自覚あり 2104人

（2017年までに診察した3877人中）

　初診の時点で，自分がこれまでの自分とは違うことに気づき，専門医療の扉を自らたたくことは，非常に勇気がいることです．当院で確認した 2017 年までの認知症受診者 3,877 名をみると，初診の時点で何らかの気づきをもって受診した人が 2,104 人もいました．この人たちは「なにもわかっていない人」などではなく，自分がこれまでの自分とは変わってきたことに不安や恐れを抱き，少しでも光を求めて医療に相談や診断を求めてくる人々です．言い換えれば，私たちみんなが「この人は不安や恐れのなかで，こころに傷をもった人なのだ」と認識して，精神面のサポートをすることが非常に重要なのです．

　どのような助言やサポートをすればよいかを模索するより，まず大切なのはその人の気持ちを推し量って，耳を傾けること，すなわち「傾聴の姿勢」を示すことでしょう．認知症の人から勇気をもって自分のつらさを訴えられたとき，「私はあなたの言葉をしっかりと聞いています」と，傾聴の姿勢を示しながら，その人の傍にいることこそがもっとも大切なことです．

私のような医療者は，その人のこころが傷ついたときに傍らに寄り添っていくことができるか否かが重要です．認知症とともに生きる第 1 歩はそこから始まります．

この哀しみをだれに伝えれば…

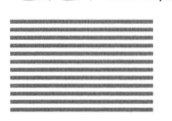

　20 年ほど前，私の診療所をある中年男性が訪れました．その男性は，「仕事の重責で不眠ですか？」という私の質問には答えず，沈黙の時間が流れていきました．精神科医としてもどうしてよいかわからず，あの日の私は途方に暮れていました．

　精神科の面接はこちらが一方的に話せばよいのではなく，患者さんとして私の目の前に座った人が，自ら声を発するまで待つことも大切です．ただ，その人の沈黙は 10 分以上でした．そしてようやく発した言葉に私は驚かされました．

　「先生，私ね，現役で部長をやっています．電鉄会社なので仕事が多岐にわたるんです．毎朝，出勤するのは朝 8 時前．部下が前日に私の机にたくさんの『未決済』の書類をおいて帰ります．それを判断して処理するだけでなく，その日のスケジュールが記された書類もたくさんおかれます」

　「それは忙しい毎日ですね」と返した私の言葉に彼は悔しそうな表情を浮かべました．

　「いいえ，先生，私は部下にいつもトイレにこもっていて，仕事をしている時間が少ない，といわれています．山のような書類を決裁し，その日の予定を覚えるには，就業開始時間前に 30 分以上が必要です．内容を覚えるところをだれにもみられたくないので，私はトイレにこもります．就業時間になって部下から書類のことを聞かれるのが怖い

んです．どのような報告があったのか，どの書類のことなのかがわからず，それを気づかれないようにトイレの個室にこもって必死に覚えるのが日課です」と，彼はいいました．

　彼はその日の朝覚えた仕事の内容も，昼休みを境に忘れることも多いようで，昼休みには食事もそこそこにまたトイレにこもり，午後の仕事を必死に覚えました．そのような彼の（表面的な）変化に気づいた部下もおり，「部長もストレスで大変らしい．いつもトイレに駆け込んで下痢をしているようだ」とうわさが立ちました．

　排便どころか必死になって手元の資料を繰り返し読み，覚えようとしている彼に，「仕事はそこそこでいいじゃないですか」とは私はいえませんでした．彼には大学生の息子が２人います．聞けば奥さんも体調がすぐれないらしく，なにかストレスフルなことがあると寝込んでしまうそうです．

　「だから先生，僕は頑張らないといけないんです．妻を寝込ませるわけにはいきません．息子２人も親思いです．状況を知れば大学をやめて，私たちを支えると言い出すに決まっています．だからこそ僕はあなただけを相談相手に決めました．妻や子どもにどうしても伝えなければならなくなるまで，僕と一緒に病気と向き合ってくれますか」

　医局の先輩からかつて「認知症はものを忘れる病気で，本人は自覚してない．カウンセリングは必要ない」といわれたこともありましたが，この人のどこが「認知症はものを忘れるだけで，つらくない」のでしょうか．このような場合にこそ，本人の不安と向き合い，その人だけでは耐えられない不安や絶望を共に分け合うことができれば，「自分はひとりではない」と思ってもらえるでしょう．

　一方，先に示したように自分が認知症であるという自覚が出てくるのに時間がかかる人もたくさんいます．自分がもの忘れをする病気になっているなんて信じたくないとだれもが思います．「無意識のうち

になかったことにする」といった，こころのメカニズムから否認している人がいるかもしれません．でも，それだけではなく何年か経過しても自分のもの忘れに気づかない人もいます．

　もう何年も診療所に来ているアルツハイマー型認知症の男性（83歳）がいます．彼は大きな製造会社の会長をしてきた人です．病気に対しての自覚がなかなか出てきません．「先生，いつもわしを病気扱いする妻と娘こそ病気や．2人こそ診てやってください」と言い続けています．そんな彼と付き合って5年になります．彼を診察する目的の1つには，検査時間に行う家族との面接があります．

　男性の妻は，いつになっても病気を自覚してくれない夫に寄り添い，支えてきました．そして，私に伝えます．「先生，私も歳を取りましたから，自分の健康が保てなくなることはあきらめています．でも，どうしてもあきらめ切れないことがあるんです．それは夫と過ごしてきた日々です．戦後，2人で努力を重ねていまの会社を大きくし，ここまでやってきたのに，ある時期から夫は，私と過ごした日々のことを忘れるようになりました．病気だから仕方がないと思います．でも，あの人の記憶から私が消えていくかもしれないと思うと，夜も眠れないほどつらいのです」

　彼女は私に自分が老いていく哀しみと，これまで人生を共に過ごしてきたパートナーの記憶から自分が消えてしまうことへの哀しみを訴えます．「私は『あの人の記憶から私が消えてゆく哀しみ』がつらい！」と彼女は泣きました．夫を失う哀しみよりも，共に過ごした人生から自分が消えていくことを嘆き，哀しむ妻．その妻のこころに寄り添い家族全体を支えるところから，今日も私の診療は始まります．

絶望させないために

　認知症について報道されることが多くなったこの 10 年ほどの間に，私たちは認知症になっても安心して暮らすことができる地域や社会をつくる努力をしてきました．

　「認知症はだれもがなる可能性がある病気．怖がることなく早期発見，早期治療・対応に努めましょう」と言い続けてきました．2004 年には国際アルツハイマー病協会の世界大会が京都で開催され，認知症の人自身がみんなの前に立ち，偏見解消を訴えました．2006 年には日本で初めての「認知症本人会議」が京都で開かれました．認知症への理解が社会的に深まり，認知症の人も臆することなく安心して受診できるような取り組みが続けられてきました．認知症サポーター養成の動きも当初の目標である 100 万人を大きく超える約 1144 万人（2019 年 3 月末）が研修を受けるまでになりました．2017 年 4 月26 日～29 日には国際アルツハイマー病協会のわが国での 2 度目の国際会議が京都で開催され，国内外の認知症の人同士が交流するという世界的な流れが生まれています．

　そのように社会が変わりはじめた 2005 年，アルツハイマー型認知症（中等度）になった 82 歳の成田正敏さんが妻，娘とともに私の診療所を受診しました．多くの人は認知症の経過に合わせ，「かかりつけ医」から紹介された病院の専門医の診断を受けたあと，何らかの事情で私の診療所に来院することになるのですが，成田さんは何年もの

間，「かかりつけ医」の診療のみで，専門医の受診経験はありません
でした．

　私も専門医ではあるのですが，こう尋ねました．「成田さん，これ
まで一度も専門医を受診することがなかったのでしょうか」

　成田さんの妻と娘は顔を見合わせました．「母も私もかかりつけ医の
先生に何度か専門医を紹介してもらうようにお願いしたのですが…」
と言いにくそうな様子です．理由を聞くと，その先生は，かつて精密
検査をしてもらうためにある患者さんをもの忘れ外来の専門医に紹
介したところ，その専門医の診断後の態度が原因で，患者さんが絶望
し，症状が急激に悪化したことがあったそうです．そのため，かかり
つけ医は「専門医には紹介しない」といって譲らなかったそうです．

　その専門医は患者さんに対し「あなたはアルツハイマーなので治ら
ない．5年もすると寝たきりになる」とだけいったそうです．かかり
つけ医への連絡や指示はなにもありませんでした．当時も患者さんや
家族に寄り添う熱心な専門医はたくさんいましたので，その患者さん
もかかりつけ医の先生も運が悪かったとしか言いようがありません．

　認知症を早期に発見することができたとしても，診断だけでその後
のサポートがなければ，患者さんは「早期絶望」せざるを得ないこと
になります．当時はいまとは異なり，専門医療機関でも本人や家族の
支援をしているところは限られていました．忙しい診療のためにこの
ような残念な展開になったのでしょう．

　自戒の念も込めて思います．専門医は診断するだけでなく，本人に
は自尊感情を傷つけずに通院してもらい，家族とは積極的にケアや福
祉対策について話ができるようにしなければならないのです．

　「医介連携」という言葉があるように，住み慣れた場所でその人ら
しい生活をする地域包括ケアの概念のもと，医療機関は介護職や福祉，
地域や法律家などと連携しながら，みんなの力で認知症の人や家族を

支えるのが理想だと考えます．しかし，成田さんのケースでは，病院とかかりつけ医との「病診連携」さえ，うまく機能していませんでした．本来なら専門医療機関の診断が終わった時点で，専門医と連携し，患者さんを住み慣れた地域の「かかりつけ医」のもとに戻すべきでした．そして，ふだんの成田さんのことをよく知っているかかりつけ医にしかわからないような，成田さんのこころを家族や地域とともに支え，さらに介護の力も協力できていれば地域包括ケアの流れになったことでしょう．いまでは当たり前になってきたそのような連携が残念ながら当時は確立されていませんでした．

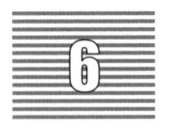

専門医とかかりつけ医の橋渡し

　ある専門医の心ない言葉により，患者さんは絶望感ゆえに認知症が悪化してしまったことから，かかりつけ医は，二度と専門医へ患者さんを紹介しなくなりました．私の診療所を訪れた成田正敏さんから，そのかかりつけ医を紹介してもらったところ，その先生と私は以前から知り合いであったことから，絶望してしまった患者さんのその後の経過やふだんの成田さんの様子について聞かせてもらいました．いずれも，ご本人が自分に変化が生じていることを把握していました．

　今回も成田さんから「もの忘れが気になっている」との訴えがあったときに，かかりつけ医は「これは精密検査のチャンス」と思ったのですが，過去の苦い経験から専門医への受診を勧められず，自らが責任をもって診ていくことを決意したというのです．

　私はこのかかりつけ医の話を聞いて，これからの自分の役目は専門医療機関と地域のかかりつけ医の連携の橋渡しをすることにあると感じました．

　認知症の専門医のなかには高度医療が可能な病院に勤務し，精密検査をすることができる立場にいる医師も多く，その代表的な存在が各地の認知症疾患医療センターや大学病院にいる専門医です．そこでは多くの受診者の診断を行い，地域連携室と協力して地域医療との連携を行いますが，医師が時間をかけて 1 人ひとりのカウンセリングや家族の相談にのる時間がないことも事実です．

　かかりつけ医も内科，外科，整形など認知症の患者さん以外にも多くの受診者を地域で支えているため，認知症の人への精神療法的なアプローチ（「小精神療法」といわれる 15～20 分程度の短時間のこころの支えになる対話）ができないのが一般的です．

　私の診療所にはほとんど精密検査器具がありません．そのためほぼすべての検査で当院以外の医療機関に協力してもらいながら診療をしています．

　開業している認知症専門医のなかには MRI（核磁気共鳴という画像検査設備）など大掛かりな医療設備をもって診断外来を目指すところも多いのですが，私はそうではありません．精密検査で診断をするところまでは大きな医療機関にお願いし，その後，認知症の人や家族のこころを支える「小精神療法」は私が担当しています．さらに普段の健康管理は「かかりつけ医」にお願いし，福祉や介護職とも連携を続けることができます．

　成田さんも私の診療所に来院した後に展開がありました．そのかかりつけ医にお会いして「実は先生の患者さんである成田さんが奥さん，娘さんと来院されまして…」と事の次第を説明しました．先生も「ものわすれ外来」は必ずしも「ものわすれ診断外来」だけではなく，診断後の心理的サポートを考える医療機関があることを知って安堵してくれました．

　私がその後，先生の期待に沿えたか，成田さんや家族の希望につながるような診療ができたか，本当は自信がありません．しかし少なくともそれから 9 年，「かかりつけ医」の先生が身体面を，認知症は私が担当しながら通院を続けてくれています．私のような中途半端な医者でも連携がつながることで，だれかの役に立つことができると思いました．それが自分の存在意義であり，それがいまの私を支えてくれています．

　実は私自身も介護家族としての毎日を送っています．気分が沈み，不安感でいっぱいになる妻の介護者となって 5 年，日々の外来診療と妻の食事のための買い出しを繰り返す日々です．61 歳の妻はなかなか介護保険のサポートを受けてくれないこともあり，私が主な介護者になっています．大切な役割であると思ってきた各地での講演や海外の学会への出張などはできなくなってしまいました．

　そんな日々の支えになっているのは，日々の診療を通じて患者さんやご家族と出会うことなどで「自分は 1 人ぼっちではない」と思えることなのです．

　その後，成田さんは私が「かかりつけ医」に提供した認知症の情報をもとに主治医意見書が作成され，介護保険（要介護 2）の対象となり，医介連携も受けられるようになりました．異なる立場でも互いの違いを認め，意見を尊重しながら連携できるからこそ，地域における包括的なケアが実践できます．

　しかし，ここで考えなければならない問題があります．このような連携が成り立つためには「認知症の病名告知」を避けてとおることはできないということです．成田さんは，「かかりつけ医」からすでに告知を受けていました．先生ならではの本人や家族へのまなざしがあったからこそ，告知がなされた後でも成田さんは絶望せずに過ごすことができました．

　しかし，もし「告知」を受けていなければ，家族はどのように考えたでしょうか．

病名告知

　認知症は病気であり, ほかの病気と同じように早期診断のあとに適切な治療やケアを受けることが重要です. そのために告知を受けることは, 本人や家族がもっている「知る権利」です.

　しかし, 振り返ってみると, 告知にはいくつもの難題を含んでいます. ひと昔前には, がんの告知をする場合にもためらわれることがありました.「悪性腫瘍ができている」イコール「救いようがない病気」と考えられていた時代には,「治せない病気だから, せめて本人がつらくならないように病名は伏せておこう」と医師が考えるのも仕方がなかったかもしれません. それが, がんも時代とともに「治すことができる病気」になり, 早期のがんであれば, 内視鏡手術で完治できる時代になりました. それと並行するように「患者さんが自らのことを知ること」も大切な権利として認知されるようになりました. 時代の経過や考え方の変化, 医学の発展などにより, 自らのがんを知り意志をもって病気と向き合うことが大切だと考えられるようになったからです.

　ひるがえって認知症はどうでしょう. 現時点ではまだ認知症を完治するのは難しい状況です. より悪くならないよう, 運動や他人との交流など, さまざまな形のトレーニングを通じて, 自然な脳活動の低下に近づけるのが現在の医療の限界です.

　メンタル領域や認知症など, その人の理解力や現実を検討する力が

そがれる病気，言い換えれば精神医療領域の病気には，誤解がつきまとうことがあります．決してそんなことはないのに「なにもわからない人」と思われがちです．それゆえ，私が医局に入ったころには病名の告知は積極的に行われませんでした．「病気を知っても絶望するだけだから，あえて本人には伝えず，家族だけに話そう」と，善意ゆえに内緒にしてしまう傾向がありました．

　私がこれまでに行った外来患者さんへの調査では，認知症の告知がよかったと思える人と，そうではない人にわかれます．「告知を受けてよかった」といえる患者さんには次のような人たちでした．

　①病名を聞くことで，自分のこころの整理をつけ，病気と向き合う覚悟ができる人

　②身寄りがなく，告知を受け，この先の準備をする人

　③たとえ難しい病気だとしても，病名を知り，向き合おうとする人

　④自分の事は教えてもらう権利があると思う人

　どの人も決意と覚悟をもった「意識の高い人」という印象を受けました．しかし，世の中にはそのように考える人ばかりではありません．次のように「告知はしないでほしい」あるいは「告知するなら家族にしてほしい」という人もいました．

　①告知を受けた後，平常心を保つ自信がない人．

　②後のことは準備しているので，あえて病名を聞きたくない人．

　③治るなら聞きたいが，治らない病名を聞くのは嫌だと思う人．

　④成り行きにまかせて日々を過ごしたいと思う人．

　告知を希望する人と，そうではない人のどちらが「正しいか」を問うつもりはありません．人の思いはその人のみの考えではなく，いま，その人が生活している環境や家族との関係など，社会的背景によって大きく左右されます．身寄りがないことを理由に告知を希望している人でも，もし，大勢の家族や友人にいつも支えられるような立場であ

ったなら，考え方は違うものになるかもしれません．

　さらに，告知をするかどうかの判断には，「告知する側」の事情も無視することができません．私が小学生のころ，内科医だった母が紹介した患者さんに対して，入院先の病院の医師は「胃がんではない．胃潰瘍だ．がんばれ」とあえて本当の病名を告げず，患者さんを叱咤激励していた姿を覚えています．

　認知症の場合も，聞かれなければあえて病名を告げなかった時期もありました．しかし，患者さんの「知る権利」が尊重され，告知をしなかったために医療機関が訴えられるようなことも起きると，今度は逆に告知を希望していない人にも何のためらいもなく告知をするという，ちょっと「やりすぎ」ではないかということがみられた時期もありました．希望していなかったにもかかわらず，何の精神面の対応もしないまま告知された人のなかには，急激に認知症が悪化してしまった人もいました．

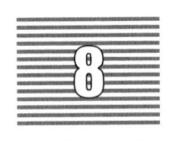

ひとりで向き合わなくてもいい

　「認知症であることをどのように告知すればよいのか」という問題を，8年ほど前に出会ったある女性とのやりとりを振り返りながら考えてみます.

　8年ほど前のある日，アルツハイマー型認知症の女性，中島良子さん（65歳）が診療所に訪れました. 彼女は元社長秘書で，3年ほど前に現役を引退していました. 仕事が忙しくて結婚する機会がなく，両親もすでに見送っていたため，家族は隣の県に住むお姉さんだけでした.

　その彼女の体に異変が起きました. 咳が止まらなくなり，近所の「かかりつけ医」から紹介された大病院で胸部レントゲン，CT検査を受けたところ，初期の肺がんであることがわかりました.

　かかりつけ医は，最近の中島さんの様子から，がんだけでなく早期の認知症を疑っていました. なぜなら診察にきたときの様子が，これまでのしっかりした彼女ではなかったからです. 話がかみ合わず，2分ごとに「咳が止まらない. 先生，これ何の病気ですか」と繰り返し聞いていました.

　かかりつけ医が困ったのは，これからの治療方針を中島さんひとりの意見を聞いて決めてもよいかという点でした. もの忘れが健忘のレベルを超えて認知症になっていることに気づき，この先，がんの闘病にかかる医療費の自己管理等ができるかどうか，心配だったからです.

　そのとき，かかりつけ医から相談を受けた私が「ものわすれ外来」で中島さんを診察することになりました．診察の結果，彼女はまだまだ能力が高くて，認知症の初期の段階でした．がんの進行具合や，彼女の判断能力の高さを考えると，告知して早期に対応できれば，この先の人生もしっかりと過ごしていくことができる人だと思いました．

　そこでかかりつけ医とも相談した結果，本人がどのような考えをもっているのか，どのように自己決定したいのかを確認することになりました．

　私は，「中島さんはご自身の心身の状態について，自分で考えて決めたいと思っていますか」と尋ねました．

　「もちろんです．先生もご存知のように私はこれまで自分のことは自ら決めてきました．ですから，自分のことはすべて知りたいです．」

　中島さんは，しっかりとした口調で答えました．この答えで，彼女の気持ちがわかりました．その後，肺がんのことも，そして認知力の低下のことも告知しました．その結果，手術を無事に終え，「ものわすれ」についても理解し，計画的に自分の力で通院してもらうことができました．

　中島さんがいった言葉がいまでも忘れられません．

　「先生，病気になったことは怖くありません．いちばん怖かったのは，事実を告げられずに隠されてしまうことでした．それって，『あなたは知らないほうがよい．知らずに過ごしたほうが楽だろう』ということですよね．でも私には，いっしょに考えてくれることが支えになるんです．これまでひとりで決めてきたけれど，ものを忘れてしまう自分にとっては，たったひとりでこれからも踏ん張っていくことが不安なのです．孤独のなかで病気と向き合うことこそ，もっとも怖いことなのです．これからも私の人生に寄り添ってくださいね．」

　中島さんのように自ら「知りたい」と考えた人には，告知をするこ

とが安堵感につながることがあります。これからの人生を自らで決めることで「自分の人生の決定権は自分自身にある」と主体性を保つことができます。しかしそうであっても「伴走者」は必要です。

　希望しない人には時期を見計らって告知したり，家族に告げたりするなど，1人ひとりのニーズに合った告知の仕方が求められます。その際にもやはり「人生に伴走してくれるだれか」の存在が大切なのです。

　その人の「その後」を決定づけるほど，告知には大きな役割があります。だから，ひとりで向き合わなくてもよいのです。「中島さん，これからもさびしく思わなくていいんです。中島さんの『知る権利』のために告知するのではありません。中島さんとともに人生を送ることができるなら，その寄り添い役になることは，私たちの役目ですからね。」

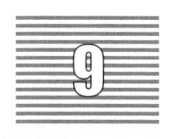

認知症の初期にみられる症状

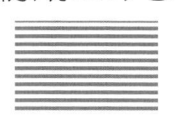

　認知症にはたくさんの種類があり, 種類にかかわらず大きく分けると, 「中核症状」「周辺症状」という症状があります.

　中核症状は, 認知症になった場合にはだれにでも出る可能性があります. 記憶力や, いまが何月何日で自分がどこにいるかを判断する力（時間的見当識, 場所的見当識）, 判断や計算力などの低下が主なものです.

　これに対して, 周辺症状とは中核症状とは異なり「周辺に出てくる」という意味で, 初期には気分の沈みや不安感, 中等度になると被害感（だれかが自分に悪さをするという疑いの気持ち）など精神面の症状, 不安定な気持ちから表面化しやすい行動面の混乱（親しい人に攻撃を向けることなど）があります. しかし, 周辺症状は必ずしもすべての人に出る症状ではなく, 出る人もいれば, 出ない人もいて, 多様です.

　かつて, 周辺症状は中等度以降にしかみられず, 認知症初期には中核症状のみが出る, という間違ったイメージがありました. そのイメージを払しょくするために, 専門家は「BPSD (Behavioral Psychological Symptoms of Dementia：BPSD 認知症による行動心理症状)」と呼ぶようになりました. その結果, 認知症初期にも, 行動心理症状があると理解されるようになりました.

　BPSD の初期に注意すべきものには, 不安感ややる気のなさ, うつ傾向などがあります（図参照）. タテ軸が中核症状, ヨコ軸が BPSD の

進行状況を示しています．タテ軸は上から下に行くに従って，中核症状が進み，知的能力や認知力が低下していくことを意味します．

　それに対して BPSD は，症状が進むと矢印のように左から右に移っていきます．初期は「不安」や「気分の沈み」が出やすく，症状が中等度になると「被害感」が強くなります．さらに抑え切れないような行動上の課題が出てくると，「混乱」といった症状も出てきます．中核症状も BPSD もかなり進んだ状態では，BPSD が消えていく人も少なくありません．この図のように，同じ認知症でも，目の前にいる人がどの状態にあるのかを，中核症状と BPSD の両方からしっかりと理解することが大切です．

　同じ「認知症」の人でも，中核症状が進んでいても BPSD はそれほど出ていない人（A）もいれば，逆に中核症状は軽いのに，BPSD のみかなり進行している人（B）もいます．目の前の人の状態像（タテヨコの把握）の理解が大切であることがわかります．

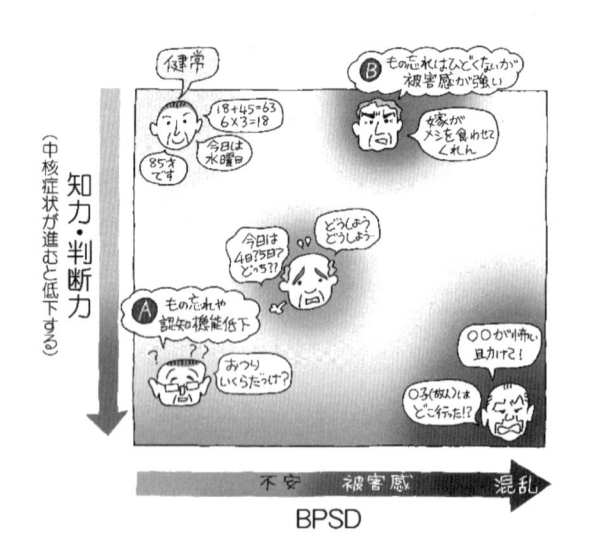

　ここで注意しなければならないことは，初期のBPSDとしてあげた不安感や気分の沈みには精神的な病気としての不安障がいやうつ病などがあり，認知症初期に出やすいBPSDとしてのものなのか，それともメンタル面の病気なのか，常に注意していなければなりません．

　不安が出る場合には特徴があります．不安からじっとしていられなくなり，胸がドキドキする場合もありますが，それを「パニック発作」といいます．そのパニック発作が不安障がいとして出ているのか，それとも認知症初期のBPSDとしてなのか，わかりにくいときがあります．ほかにも体になにか異変があるのではないかと気になる場合（心気傾向）や，あることにこだわる症状（強迫症状）がみられる場合があり，時間をかけてその人の状態をみていくことが大切です．

　気分がすぐれない場合にも2通りあります．「気分が沈む」という訴えだけを聞くとすべての人が「うつ」を呈していると勘違いしてしまいますが，そうではありません．「気分が沈む」と訴え，本人に「自分が生きていることが罪だ」というような自己否定があって自分を責めている場合には，うつ傾向があるといえます．

　一方，周囲の人が誘ってもなにひとつ応じようとしない人に出会ったとき，多くの人は「BPSDの『うつ』が出ている」と解釈しがちですが，実はそれが「無気力状態」であることも少なくありません．誘っても応じることがなく，「おっくう」で自宅にこもってしまう症状です．自分を責める発言の有無によってうつ傾向か無気力状態かを見極めていくことが大切です．

　私がこれまでに診てきた患者さんのなかにも数か月から数年は不安障がい，あるいは気分の沈みがあり，あるときをもって急にその不安やうつが改善したかと思えば，入れ替わるように認知症の中核症状が進んでしまった人がいます．時間をかけて見守っていくことが求められます．

BPSD の人のこころを支えるサポートを

　野村初子さんは 82 歳の女性です．アルツハイマー型認知症の初期と大学病院で告知され，普段はかかりつけ内科医の先生に認知症を診てもらっています．大学では聞けなかったことも，かかりつけ医の先生になら聞くことができるのが安心につながっていました．

　ところがある日突然，胸がドキドキする発作を経験しました．その日から「私の認知症が悪くなってきたのではないか」と不安が浮かび，いてもたってもいられない気持ちになりました．胸が苦しくなるたびに心電図を調べても悪いところは見つかりません．「どこも悪くありません」といわれることが野村さんには逆効果でした．「なにもできない」といわれているように思えて不安が高まってしまいました．

　野村さんが 3 か月ほど苦しい思いをしたころ，かかりつけ医の先生は，参加した認知症治療の勉強会で，認知症はもの忘れだけではなく不安感も出ることを知りました．また，症状に応じて認知症薬に加えて抗不安薬を少量使ったり，ほかの人との交流により不安感が症状に集中しないようにしたりすることで，BPSD が軽くなることを知りました．

　胸のドキドキや不安感というのは不思議なもので，不安が次の不安を増幅させてしまうのです．それゆえ解決策は見つけられなくても，おおよその対応ができれば安堵感をよびます．かかりつけの先生の研修も進み，抗不安薬を少量処方してもらっているうちに，野村さんの

不安が軽くなっていきました.

　一方血管性認知症の田村正之助さん（85 歳）は，これまで何度か脳梗塞を経験し，そのたびに克服してきた人です．喜怒哀楽が激しくなって息子さんともめることもありますが，何とか在宅療養を続けてきました．ところがある夏を境に，これまで発言したことがないような言葉を口にしだしたのです.

　「おれ，もうなにをするのも面倒くさい．じっとしていたい．」

　息子さんはあわてました．そんな父親の言葉は聞いたことがなく，息子さんは「父親がうつ病になった」と思いました．ところが精神科の専門医療機関を受診したところ，医師から「お父さんはうつ病ではありません．むしろ認知症とともに無気力状態が起きています」といわれ，抗うつ薬の処方ではなく，私（筆者）の診療所を紹介されました.

　私が診察をしたところ，確かにうつ病ではありませんでした．しかし，なにをするのもおっくうがって応じません．そこで私は介護職の人と連携して，薬は処方せず，ケア体制で支えることを考え，息子さんも同意してくれました.

　このような場合，家族がいくら勧めても「やる気がしない」と拒否されてしまいます．本人からは，ほぼ否定的な意見が戻ってきます．しかし，いったんデイサービスからお迎えがきて，家から出てしまうと，ほとんどの場合は，こころから楽しそうに過ごしておられるから不思議です．よい意味で他人の視点が入ることで本人の「やる気」がわいてくるのでしょう.

　しかし，家族が「やる？」と聞くと，「やらない，面倒」と答えます．反面，他人となら何ら問題なく，楽しく過ごせるのが特徴です．本人の意見だけで判断するよりも，家族以外の人に迎えにきてもらうなど，他人がかかわることで，少し後押しすればできることもたくさ

んあります.

またアルツハイマー型認知症の竹内次郎さん（54歳）は,病名の告知を受けて会社を早期退職したのがきっかけで,自宅に引きこもって日々を過ごしています.部屋のカーテンを開けることもなく「いずれ自分はなにもできなくなる」と嘆き,「家族に迷惑をかけるなら死んだほうがましだ」とまでいい,この3か月で体重が4kgも減ってしまいました.夜も眠れないようです.

このような場合は,前記の「無気力」とは異なり,明らかに「うつ状態」を呈しています.認知症の人でも,自覚があればこころに傷を受け,それがきっかけの「うつ病」を発症する可能性があります.このような場合には,抗うつ薬の処方を行うとともに,こころの傷に対して本人を決して励まさないという「うつ病」に対するスタンスを保ちながら,その人の絶望感を支えることが求められます.

無気力の場合には,少し後押しするだれかがいることが大切ですが,うつ状態は専門家に相談したうえで,対応するのですが,励ましすぎてその人を追い詰めないようにしてください.

これまで書いてきたように認知症初期にみられるこれらのBPSDに対しては,家族,周囲の人,医療・介護に携わる人々が状態を見極めたうえで,その人のこころを支えることが大切です.病気の症状にばかり目を向けず,その人の立場の理解や精神面のサポートが,認知症の悪化を防ぐ大きな力になります.

認知症のさまざまな種類

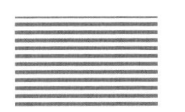

　認知症のなかにもいくつかの種類があり，それぞれどのような点に注意することが必要なのかを考えてみましょう．「症状」や「病変」をしっかりと理解できれば，認知症の人の「つらさ」に寄り添うことができ，よりよいケアにつながるからです．

　医学では病気の原因をしっかりと見極めて，それに対して早期から対応し治療することが大切です．「何だかわからない」状態のまま，はっきりしない方針で治療を続けることはいけません．認知症のような慢性の病気の場合には，ただ「認知症」とだけ病名がついて，アルツハイマー型なのか血管性なのかがはっきりしないまま治療が続き，介護を受けていることも少なくありません．

　私は，日ごろから注意しなければならないことが2つあると考えています．医療者でも，介護職や家族の立場でも同じです．ひとつは家族や介護職の人によくあることですが，目の前にいる「ひと」をみようとしすぎるあまり，医療面をまったく考慮しなくなってしまうことです．認知症のタイプや特徴を知らないままでは，結果的にはその人を客観的に把握できず，あふれる思いだけに終始し，ケアが破たんしてしまうことがあります．

　もうひとつは，病気としての小さな症状にとらわれすぎて，目の前の「人」をみることを忘れてしまうことです．これは私も含めて医療者にありがちです．思いにとらわれすぎることなく，かつ，科学面を

重視しすぎてその「人」を見失わない．その２つのバランスに注意しながら，認知症と向き合う人を理解することが，その人を大切に思い，支えることにつながります．

　ここで，認知症の原因について見てみましょう．

（1）アルツハイマー型認知症

　認知症全体の約 70％を占めます（厚生労働省研究班の調査結果）．脳細胞に「アミロイド」というたんぱくのカスがたまることで，脳が縮みます（萎縮）．脳が全体的に萎縮していくのが特徴ですが，萎縮する前に，何年もかかってアミロイドが蓄積していきます．私たちはだれでも年齢とともに，脳にアミロイドがたまりますが，そのスピードが速いのがこのアルツハイマー型認知症の特徴です．これまでに比べて何となく前向きな様子がなくなることや，「面倒くさい」というような発言が増えることから始まります．

（2）血管性認知症

　全体の 15〜20％を占めます．ただし，若年性認知症の人の場合には 40％程度の人が血管性認知症です．これは脳内の大きな血管が詰まることで起きるだけでなく，細かな血管（毛細血管）がいくつも詰まること（「ラクナ梗塞」と呼びます）でも生じます．脳血管が詰まると，その人の性格に影響が出るため，少し「怒りっぽくなった」という印象が多くなります．一方で，脳血管に問題がない所の働きはしっかりしているため「まだらな症状」が出るのが特徴です．

　20 数年前に出会った山本雅彦さんは，自分のなかに湧き上がってくる「怒り」と戦っていました．脳血管に問題が起きると感情面のコントロールがしにくくなる人もいます．山本さんはそういう自分に困っていました．

　「先生，最近のおれは妻がなにかをいうたびにイライラして怒鳴ってしまうんや．それでも，あとで気がついて悪いことしたなって思うけど，そのすぐ後に妻がお茶を入れようとすると，またそのことで腹が立つ．おれは最低の人間や」と，私に告白しました．

　あのとき，もし私が「山本さんは血管性認知症の側面が大きく出ているから，イライラ感が出やすいのです」とだけ伝え，それ以降のフォローをしなければ，彼は自分に自信をなくしてしまったでしょう．そこで，彼とともに考えるために私はこう言いました．

　「山本さんにはイライラが出やすい脳の変化があります．でも，どなった後に奥さんに悪かったと思う力は決して失っていません．それが山本さんの力なんです．」

　そのとき，彼の顔は輝き，「そうか，おれ，まだいけるんやな」といいました．その思いが，その後の12年に及ぶ彼の認知症との付き合いの原動力になったと思います．

（3）レビー小体型認知症

　レビー小体型認知症は，認知症全体の5〜10％程度といわれています．アルツハイマー型認知症の「アミロイド」に対して，こちらは「シヌクレイン」という物質がたまります．ものを見る中枢（視覚中枢）の後頭にも血流低下が及ぶため，幻視という特徴的な症状がみられます．この幻視はとても現実感（リアリティ）があるものですが，注意がそれると消えやすい特徴をもっています．

　それ以外にもパーキンソン症状が出やすく，手足が震えたり，足の運びが「すくみ足」になったりすることがあり，自律神経の調整がしにくくなって転倒が増えることもあります．

　あるひとり暮らしの女性について，受診に同伴したホームヘルパーさんが「最近，よく家で転ぶんです」と私に報告してくれたことで，はじ

めて精密検査に至り，レビー小体型と診断できたこともあります．女性の
ふだんの生活をみているホームヘルパーさんの底力に助けられました．

（4）前頭側頭葉変性症

　脳の前頭葉と側頭葉が萎縮する病気のなかに，前頭側頭型認知症と
いって「わが道を行く」「無頓着さが出る」ような行動が出やすくな
るものと，言葉の意味がわからなくなるもの（意味性認知症）など 3
つの型のものが含まれます． 10 年ほど前まではピック型認知症に代
表されるような，「激しい混乱がある認知症」と解釈されていました
が，そのような人ばかりではないことが現在ではわかっています．

　10 年ほど前に出会った意味性認知症の増田良子さんは，泣きなが
ら私にいいました．

　「大きな病院で，『前頭葉と側頭葉に病変がある意味性認知症』と
診断されました．言葉の意味がわからなくなることもつらいのですが，
それよりも私はこの先，子どもたちの顔もわからなくなって暴力をふ
るうような人間になってしまうのでしょうか」と泣きました．

　予測が難しいこの病気に対して，医師として漠然と「安心しなさい」
などといえないことはわかっていました．そこで，そのとき，何とか増
田さんの力になれないかと考え，彼女の MRI 画像をみました．変化して
いる部分から考えると，彼女が子どもの顔もわからなくなり，その大切
な家族に暴力をふるうようにはならない，と思いました．そこでそのこ
とを伝えると，彼女は，「そうですか，私は大切な子どもになにをしでか
すかわからない自分になるのでなければ，この先も病気と向き合ってい
こうと思います．そばで見守ってください」といいました．

　限りない悲しみや絶望のなかでも，その人にとってもっとも大切な
ことを守れるような後押しがあれば，人は明日に向かう自分をイメー
ジすることができます．

（5）それ以外の認知症；仮性認知症

　たとえば，脳内には脳脊髄液の入った「脳室」という所がありますが，そこが大きくなっている「正常圧水頭症」や，脳の外側の硬膜と骨の間に血がたまり（血腫），脳を圧迫して認知症のような症状が出ている場合もあります．いずれも本当の意味での認知症ではなく，その原因を取り除くと治るものなので，仮性認知症といわれ，これを見分けることがとても大切です．

　私も家族や介護職の皆さんから「先生，この人は何型の認知症ですか」と聞かれたとき，即答に困ることがあります．なぜなら，いまは側頭にある複数の小さな脳梗塞がその人の病状にもっとも影響していると考えられたとしても，脳が変化していく過程で，それ以外のところで海馬の萎縮やアルツハイマー型認知症の変化が出てくる人もいます．誤解を恐れずに書くと，本人と家族への説明の際に「アルツハイマー型認知症の脳の萎縮もあるけれど，いまは血管性認知症の症状が前面に出ている」といった説明をすることもあります．

　最近の考え方には，これまでのように「あるひとつの原因」があれば「ある種の認知症」になる，といった単純な理由ではなく，脳の細胞に余計なたんぱく質がたまりすぎてしまうこと（アミロイドやシヌクレインなどとよばれます），脳内のリン酸化の不具合，体中の炎症そして血管の詰まりなど，たくさんの面で脳に変化が起こり，そのうちどの面が強く出るかによって「ある型」の認知症とよばれるようになるという仮説があります．

　先に説明したように，脳細胞全体が萎縮して海馬が小さくなっているけれど，それと並行してとても小さな（微小）脳梗塞が多発もしていて，「この人は血管性認知症の側面ももっている」と考えながら対応することもあります．

　このような認知症の多様な面を考えつつ，基本的にはどの種類かを

知ることは，本人，介護者のみならず地域の私たちが知るべき大切な
情報です．個人情報の保護と人権に配慮しながら，目の前にいる認知
症の人のこころを大切にした医介連携のケアをするための「道しるべ」
になれればと思っています．

若くてもなる認知症

　「認知症かな，それともまだ大丈夫かな？」と自分で感じたとき，その「境目」はどのように見極めればよいのでしょうか．そして，認知症にならないためや，なったときに症状の進行を遅らせるためにはなにができるのでしょうか．

　「認知症と診断されたら終わりだ…」などと考えている人はいませんか．確かに認知症という病気は手ごわい相手ではありますが，私はこれまでの28年の臨床のなかで，こう言い続けてきました．

　「認知症はなったら終わりではない．認知症はなってからが勝負です．」認知症の人を元気づけたいと思う気持ちはもちろんですが，それ以上にこれまでの臨床経験が物語っています．そして，このように伝えてきました．「認知症にならないためには予防が大切．もし，なったとしてもあきらめる必要はない」と．

　最近，よく耳にする言葉に「軽度認知障がい（Mild Cognitive Impairment：MCI）」があります．これは認知症の前段階で，認知症にはなっていないけれど，ものを覚える力や判断力，見当をつけることなどの認知力がいくらか低下している状態を指します．

　ひとりで生活できている人も多いのですが，そのような人でも何らかの不都合は感じています．この「軽度認知障がい」の段階で脳の変化（萎縮）を抑えることができれば，本格的な認知症に移っていくことを「予防」できます．

　言い換えれば，日々の生活のなかでできることをすれば，多少，もの忘れがあったとしても軽度認知障がいのレベルにとどめたり，認知症と診断されたとしても，症状の悪化を遅らせたりして，人生を全うすることができるのです。

　このように書くと認知症は，その人がどのように生きて老い，どのような人生の終焉を迎えるかという高齢者だけの問題であるようなイメージをもたれる人もいるかもしれませんが，忘れてはいけないのが若年性認知症です。

　「若年性認知症」とは医学的には「65歳未満で発症する認知症」の総称ですが，もっと若い人もいます。なかには30代で発病する人がいます。「認知症は高齢者の病気」と思い込まず，「若くてもなる可能性がある病気」と思って，日ごろからの予防や悪化させないことが大切です。

　43歳になる若宮一郎さんは運動が嫌いで，いつも好きな映画を観ながらお菓子を食べることが「至福のひととき」でした。営業職なので日々，大変な勤務の後にホッとしたい気持ちのせいか，休日はいつもソファーで寝て過ごしていました。そんな彼が糖尿病の診断を受けたのは35歳のときでした。

　独身の生活が長く，ひとり住まいで，食生活は外食が多くなりがちです。不規則な時間帯に食事をしていた彼が，店に財布を置き忘れることが増えたのが41歳の夏のことでした。内科の主治医に勧められて大学病院の「ものわすれ外来」を受診しました。

　病名告知を希望していた彼への診断は「アルツハイマー型認知症と血管性認知症が混在している」というものでした。膵臓から出るインスリンは，普段はアルツハイマー型認知症の原因のひとつとされる「アミロイド」というたんぱく質のカスが脳にたまってしまうのを防ぐ役割があります。しかし，糖尿病を発症したことで，血糖値を下げ

るためにインスリンが消費され，アミロイドがたまってしまったと考えられます．

　また，若年性認知症の特徴のひとつに血管性認知症が多いことがあげられます．私の外来を訪れる若年性認知症の患者さんにもその傾向があります．

　一般的には，認知症の 20％程度を占める血管性認知症が，若年性の場合には 40％程度にもなります．若宮さんのような生活習慣を送っている人は，どうしても血液の循環が悪くなり，血栓ができやすくなります．

　さらに，運動しないために，コレステロールや中性脂肪が高くなり，塞栓（油の塊が血管に詰まるもの）ができやすくなります．もの忘れがかなり進んだ状態で，彼は大学病院から私の診療所を紹介され，来院してきました．

　普通は，生活習慣病と上手に向き合うことで，認知症は予防できたと思います．私の 28 年の臨床生活の印象では，やはり認知症になる前の数年間をどのように過ごしたのかが，認知症の経過に関係します．たとえ慢性の生活習慣病があったとしても，その病気をコントロールすることができていたなら，その後は変わっていたでしょう．

　大学病院で告知を受け，来院した彼にかける言葉はただひとつでした．「若宮さん，認知症といっしょに向き合いましょう」それ以来，いまでも月に 1 度，通院されています．

予防，そして症状悪化を遅らせる？

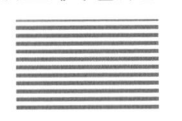

　私はこの28年間の臨床を通して，アルツハイマー型をはじめ認知症は全般的に予防や悪化防止ができる，という確信をもっています．

　昨今，だれもが認知症を予防したいと願い，「どうすれば私は認知症にならずにすみますか」と聞かれることが多く，その関心の高さに驚いています．1人ひとりに対して「これさえすれば認知症にはならない」と保証してあげることはできなくても，日ごろから次のようなことに気をつけて生活していけば，認知症の症状が進むのを遅らせることにつながると感じています．

（1）食生活に気をつけましょう

　脳血管性の認知症は，脳の血管が詰まることや，脳出血で脳を圧迫したりすることで起こります．高血圧や糖尿病などの生活習慣病やたばこなど，ふだんの食事や生活で血液が詰まりやすくなるようなことは避けましょう．水分制限されていない限り，水分を多く取ってください．また，血糖をコントロールし，血圧の乱高下などにつながる塩分を控えることが大切です．

（2）運動が大切

　歩くことや少し汗をかく程度の「有酸素運動」を行うことでよい血液循環を保ちましょう．動かずにじっとしていると，血栓（血の塊）

ができやすくなるので，そのような生活をしないことが大切です．私は，来院する患者さんには整形外科的な制約がない限り，炎天下や厳冬を避けて「1日に15分ほど」歩いてもらうようにしています．

（3）人との接触を保つこと

だれもが趣味をもてるわけではありませんので，「趣味をもちなさい」とはいいません．しかし，なにもすることがなく，だれとも接触することがない生活を続けることは脳や精神状態の活発さを失う原因になります．趣味を通じて仲間とコミュニケーションを取ることは脳の刺激にもなります．「みんなと話す機会をもってください」とアドバイスしています．

（4）自分の役割や「生きている意味」をもてるように

この（4）についてはさまざまな意見があることでしょう．「認知症の人に役割をもてなんて無理なことをいうな」といわれるかもしれません．

しかし，もう20年前になるでしょうか，かつて私のクリニックには「老人デイケア（診療所などが行うデイサービスのような通所リハビリで，医療面に力を入れたもの）」がありました．そこに参加していた認知症の山本和子さんは，アルツハイマー型認知症でした．長谷川式検査という認知症検査で30点満点中15点ほどで，かなり症状が進んでいましたが，それでも独居生活を続けていました．

そんなある日，山本さんの様子がいつもと違いました．とても活発で何だか「ウキウキ」しています．私たちは彼女に聞きました．「山本さん，今日はなんだか楽しそうですね．なにかあったんですか」彼女は嬉しそうに「息子が帰ってきて，これからいっしょに住む」と教えてくれました．「息子の家族に悪いから無理しなくていい，とい

ったのに，この先ずっといっしょにいるんですって」ともいいました．さらに「私，今日のデイケアが終わったら，息子の晩御飯を作りに帰ります」とのこと．

　私たちはびっくりしました．当時，まだ介護保険ができて間もないころです．独居はしていましたが，ホームヘルパーがかかわらなければ，彼女はひとりで調理はできなくなっていたからです．不思議に思って息子さんにきていただき，事情を聞いたところ，しばらく黙っていた息子さんが私に告げました．

　「先生，うちの母がいっていることは，ちょっと違います．私が実家に戻ってきたのは事実です．妻と離婚することになって，実家に戻りました．いっしょに暮らすようになって，母の認知症がここまで進んだのかと，正直焦りました．しかし，母は私が戻ってきたことを心から喜んでくれたようです．」

　「晩御飯を私に作ってくれる，ですって？」

　「あはは，母は作っているつもりなんでしょうね．いつもデイケアから帰ってくると，近くのスーパーに歩いて買い物にいきます．徒歩1分の所に．そして，毎日，本当に毎日，納豆のパックを2つ買って帰ってきます．母は関東の生まれでね，納豆が好きなんです．それを大切そうに食卓に並べて，ご飯ができたよ，って嬉しそうにいうんですよ」

　「私は結婚してからなにかと理由をつけて母がいる実家から足が遠のいていました．でも，こうして実家に戻って，むしろホッとしました．毎日納豆のパックが並んでいて，毎日食べ終わると母はにっこりとしています．そんな姿をみながら，私はいまの自分が母と幸せを分かち合っているんだなあ，と実感します」

　夕食の「準備」をするようになったからといって，山本さんの認知症が改善したわけではありません．その後，2人は何年かいっしょに

暮らしましたが，やがて，在宅でのケアもできなくなって施設に入所することにもなりました．しかし，息子さんといっしょに過ごしたことで，デイケアでの彼女はずいぶん活発になったことも確かです．そのことに大きな意味を見いだすか，それとも効果などなかったととらえるか，それは人によって異なるかもしれません．でも，私は山本さんと息子さんにとってこの時間は，彼女が生きる証を見いだした大切な時間だと思います．あのときの彼女の生き生きとした目の輝き，息子さんの希望の発言を忘れることはないでしょう．

認知症だから，なにもわからない？

　認知症が中等度になると出やすいのが「被害感」や「物盗られ妄想」といった症状です．かつては「周辺症状」といわれましたが，認知症の初期にこうした症状に悩む人に目を向けるために，心理症状と行動障がいを合わせた概念として「BPSD」と表現するようになりました．

　BPSDは必ずしもすべての人に出るわけではないことがわかっています．私のクリニックは「もの忘れ」が気になる人の受診も多いためか，BPSDが出ている人は，通院している患者さん1,005人のなかで376人（37.4％）にとどまっています（2017年9月時点）．

　BPSDは脳の血管が詰まることや脳細胞が萎縮することによって出てくる症状である一方で，本人をケアする側の態度や気持ちが影響します．否定的な気持ちや疑うような態度が，本人に非言語的なメッセージとして伝わって，BPSDが激しくなることもあります．外の世界からみると混乱しているようでも，本人が体験している世界からみると「当たり前の反応」であることもあるのです．

　血管性認知症が進み，現在では長谷川式スケールが11点（30点満点で，20点以下は認知症要注意）の高橋恵三さんは79歳の男性です．彼は26年前に糖尿病と診断され，内科に通院してきましたが，4年前，周囲に訴える被害感が激しくなってきました．高齢の男性が認知症になってもひとりで生活していたことにも驚きですが，彼自身は「自分で何でもやれる」と思っています．

　成年後見制度という本人に代わって親族や第三者が財産を管理する制度を使っていて，いまでは司法書士が後見人になっており，日常の生活（金銭面）には困りません．よいケアマネジャーさんが適切にデイサービスやホームヘルパーをつけてくれることもあり，日々の生活は安定していました．

　ところが，ある夏を境に一気に BPSD が表面化しました．ホームヘルパーさんを「あんた，わたしのお金盗っただろう」と責め続けるようになり，ヘルパーさんも自宅訪問ができません．もの盗られ妄想が激しくなるにつれて，高橋さんはだれに対しても疑心暗鬼になって会おうとしなくなりました．

　司法書士は困って知り合いの内科医に往診を頼みました．内科医は認知症サポート医でもあったため，地域の病院の認知症専門医（精神科）に相談をしました．しかし，高橋さんはどうしても精神科の外来へは通院してくれません．興奮して「何で俺が通院しないといけないのか」と拒否します．対応は往診を頼まれた内科医に託されました．彼は専門医からアドバイスを受けて向精神薬を試すことになりました．そして，何とか説得して，高橋さんに頭部の CT を撮影することに同意してもらいました．

　検査の結果，脳内にいくつもの小さな梗塞（血管の詰まり）があることがわかりました．それが原因で，血管性認知症が悪化し，被害感や混乱が起きていることが推測されました．専門医からその結果を聞いた内科医は「BPSD を抑えないともっと悪くなる」と考えて，向精神薬を増やした結果，高橋さんはしだいに落ち着きを取り戻しました．

　3日後，やっと家に上がることを許されたホームヘルパーが高橋さんを訪ねました．いよいよ今日から夕食をつくってあげられます．この 1 か月でやせ細ってしまった高橋さんの役に立てると思うと，ホームヘルパーも使命感にあふれて訪問し，契約時に預かった鍵で家に

入りました.

　「髙橋さん, ホームヘルパーです. 今日からよろしくお願いします.」返事がありません. 風呂場で倒れているような事態が起きているかもしれないと思ったホームヘルパーは思わず彼の部屋のふすまを開けました. すると, 髙橋さんが仏壇の妻の遺影に向かって話をしているところでした.

　「おまえがいなくなってからも, おれはひとりで頑張ってきたんや. でも, ときどきみんなに迷惑をかけている. 自分では覚えていないけど暴れたこともあるらしい. どうしても隣の人が金をもって行ってしまう気がする. 俺はおかしくなったんやろか. 人に迷惑をかけたくない. 人に迷惑だけはかけたくない. これまでお前と世間様や子どもたちにだけは迷惑かけないで生きていこうと思ったのに…」

　高橋さんはホームヘルパーに気づかず, 遺影に向かって泣きながら話し続けました. ホームヘルパーもこれまで, 高橋さんは病気のためになにもわからなくなっていると思い込んでいたことに気づきました. 彼のなかにはこれほど鮮やかな感情が残っていました. その後, ヘルパーの連絡を受けて開かれたサービス担当者会議で, その場に集まった支援者は高橋さんの「こころ」を知りました.

　認知症になったとしても, たとえ一時的に被害感が出たとしても, 高橋さんの全人格が変わってしまうのではありません. 彼のなかに, 気丈さと他人への思いやりがあることに気づいたホームヘルパーは, 胸に熱いものが込み上げてくるのを押さえることができませんでした.

　「できないこと」をしっかりと見定めて, その人への医療やケアを行うことは非常に大切ですが, 「できること」に目を配ることの大切さを知ることが, 患者さんの思いや気持ちに寄り添うケアといえるのではないでしょうか.

問題行動といいますが，なにが問題ですか？

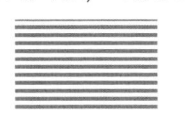

　「BPSD」とともに認知症介護の課題となるのが「行動の障がい」です．ひと昔前には，あてどなく歩き回ったり，暴力的な言動をしたりする行動は，「問題行動」とよばれていました．しかし，この「問題行動」という表現には，「その人自身が悪い」というイメージがつきまとうことから，現在では，あくまでも病気からくる症状ととらえて，「行動障がい」と表現するようになりました．

　臨床の現場でもよくあることですが，在宅ケアが限界となって施設に入所した直後に，環境の変化などの影響も加わって一時的に行動障がいが表面化することがあります．そのようなときに適切なケアを受けることで，最初は混乱していた人が少しずつその場になじみ，やがて安定していけば，外来担当の医師から施設の医師にバトンタッチすることができます．

　林幸一さん（82歳男性　アルツハイマー型認知症，中等度）は自宅近くのグループホームに入居しました．特別養護老人ホーム（介護老人福祉施設）や老人保健施設とは異なりますが，9人程度のユニットで生活する雰囲気は家庭的です．しっかりとかかわってくれるスタッフがいる場合には，とても穏やかになります．

　しかし，林さんの場合，入居して4日目の夕方から混乱が始まりました．BPSDとして，最初は不安とソワソワ感が出ました．その後，夕刻に不穏になった林さんを介護職員がなだめようとしました．

　その介護職の彼は，まだ経験が浅く，介護についての勉強をしはじめたところでした．本当に残念なことに，その介護職の彼は，林さんをなだめようとして，後ろから両手で体を包み込み，「林さん，大丈夫です．私たちがいるから安心してください」と，まるで押さえつけるような体勢を取ってしまいました．林さんはとっさにその手を払いのけて「なにをするんだ」と大声をあげて介護職を突き飛ばしました．

　介護職の彼は，仰向けに倒れて後頭部を打ち出血しました．その報告を受けた施設長もあわててしまい，「これは問題行動だ．林さんには薬を使っておとなしくなってもらわないと，ここでは対処できない」と言い出しました．

　さあ，困りました．ここにはだれひとりとして悪意の人はいません．介護職として経験が浅かったため適切な行動はできませんでしたが，それでも好意をもって「大丈夫」といってあげたかった介護職の彼．現場の責任者として介護職が傷つくことがないように考えた施設長（ちょっとあわてすぎですが）．そして，結果的にはけがをさせてしまった林さんにも，そうなってしまった理由があります．

　林さんになぜ，このような BPSD が出たのか，もう読者の皆さんはおわかりだと思います．

　びっくりした林さんは認知症の影響で，とっさに適切な行動ができませんでした．そのときも恐怖から逃れようとして，気がついたら思い切り相手を突き飛ばしていたのです．

　しかし，そのような行為は「そのとき」一度だけでした．その後，数日も経つと林さんはしだいに穏やかになり，グループホームになじみはじめました．いまでは介護職の彼と談笑する場面が増えています．

　ここに心理面だけでなく，行動面の障がいへの対応の難しさがあります．グループホームから報告を受けた私の役割としては，なにがあるでしょうか．もちろん，介護職員に再び被害が及ばないようにする

ことも大切です. おとなしくなってもらうために向精神薬を安易に処方するでしょうか？　とんでもありません. そんなことをすれば, 薬による抑制, 人権侵害になります. それでは,「しっかり介護しなさい」と介護職を叱りますか？　これもしませんね.

　だれでも仕事に就いたばかりのときには未熟なものです. 経験を積みながら介護職として成長していくには, 教育の時間が必要です. この経験を生かして彼がよりよい介護を学ぶことが大切なのです. 林さんも家族も, 介護職として彼が成長することが, 林さんの生活の希望であると信じてくれるはずです.

　このような中等度の混乱はいつまでも続くものではありません. 私の手元のカルテをひもとくと, 認知症の介護が始まって 3 年目ぐらいがピークとなり, その後は混乱の回数が減ってくることが多いのです. 介護をしている家族や施設の職員の皆さんには,「いま, このとき」を乗り越えれば, やがて状態が安定する時期がくることをお伝えするようにしています.

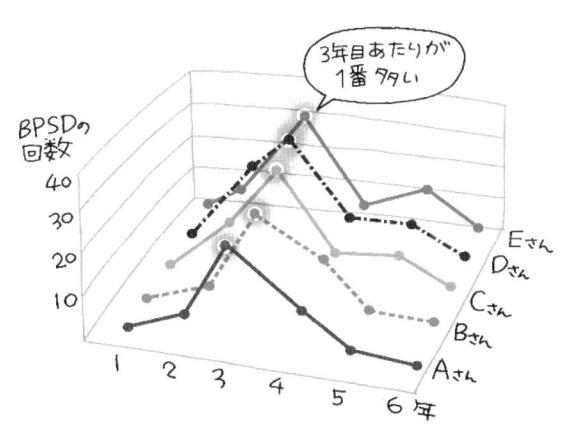

松本一生『介護職と支える認知症〜私の診かた』
(ワールドプランニング, 2015年) から転載, 一部改変

　診療所にこれまで来院した 8,000 名の認知症の人のカルテから無作為に選んだ 5 名の経過をみたのが前ページの図です．縦線には月平均の BPSD の数，横線には認知症の介護を始めてからの年数を記しています．必ずしも同一の経過ではありませんが，おおよその経過をみると 3 年あたりがもっとも BPSD が激しく，それ以降は回数が減ってくる傾向にあります．たとえばもっとも手前の人は，介護が 3 年を迎えるころには月平均で 38 回の混乱がありましたが，5 年を迎えるころには，月に 5 回程度となっています．

　この経過は必ずしも脳が変化（萎縮）するために回数が減ってくるのではありません．本人が安定してくると，混乱は少なくなります．ですから，先に見える光を見失わないようにすることが大切です．いま，本人の混乱に苦しんでいる介護者の皆さん，明かりが見える日は必ずあります．そのときは必ずきます．

幻視の恐怖を受け止める

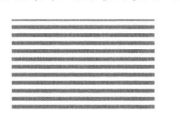

　精神科医として臨床で患者さんと接していて，もっとも多く受ける訴えに「不眠」があります．寝ようとすると，「明日，大切なことがあるから寝ておこう」「寝られなかったら大変だ」「どうしよう，寝ないといけないのに眠気がこない」と，頭の中で「不眠＝大変！」という思いがぐるぐると回ってしまい，寝ようとすればするほど眠れなくなるタイプの不眠が圧倒的に多いです．私の診療所を受診する認知症で，不眠を訴える人の70％がこのパターンです．

　このような不眠は「神経性不眠」といって，寝ようとすると気になって眠れないが，寝つきが悪いだけでいったん寝てしまうと，朝まで寝ていることが多いものです．初期の認知症の人のなかにも，神経性不眠になっている場合があります．

　「どうしよう，私，ひと晩中寝ていない．このままでは死んでしまう」と外来で認知症の妻が訴えるのに，同室で寝ている夫は「先生，妻はこんな風にいうけれど，昨日も大きないびきをかいて寝ていました」という発言が飛び出すのは，このような場合です．

　一方，うつ病の不眠の場合には，いったんは眠れるけれど，その後，ぱっちりと目が覚めてしまう「中途覚醒（途中覚醒）」が起きます．うつ状態になると，「自分が悪い．なにもできない」と自責感が出てしまいます．

　認知症が進むと睡眠と覚醒のリズムが変化してきて，1日中，トロ

トロと眠る人, 2日寝て2日起きている人など, 睡眠のリズムが変わる人が多いのですが, 日々の睡眠リズムが乱れなければ認知症の状態も安定します.

　もうひとつ, どうしても認知症と睡眠の関係で忘れてはならないのはレム睡眠 (Rapid Eye Movement : REM) 時に混乱を起こしやすい認知症があることです. レム睡眠とは, 寝ている間に目をつぶった状態で眼球が左右に揺れて, 夢をみている状態です. 睡眠中は, 眠りが浅くなるときと深くなるときを交互に繰り返しますが, そのリズムが悪くなります.

　59歳の男性, 山本紀夫さんは, 睡眠時障がいを伴うとの診断を受けて2年が経過しました. 職場で何度も転倒し, 産業医を通じて神経内科で診断を受けました. 病院へ通院するときには, 妻の美恵さんと昔話をしながら駅から歩いていきます. 美恵さんが「こんなは記憶がしっかりとしているのに認知症なのだろうか」と思うほど, 過去の記憶はしっかりしています. ところが, 日によって突然調子が悪くなることがあり, そんな日は1日中寝ていることもあります.

　その山本さんが, お盆休みの直後から, 夜中に突然, 大声を上げて寝言をいうようになりました. ずいぶんはっきりというので, 美恵さんは最初, 山本さんがふざけているのかと勘違いするほどでした.

　ある夜のことです. 午前2時を過ぎたころ, ベッドに寝ていた山本さんが上半身を起こし, 大声を上げました.

　「これから母親がくる. これからかあちゃんがくる」

　美恵さんも飛び起きました. 「かあちゃん」とは, この春に見送ったばかりの夫の母のこと. 供養して, 初盆もすませてほっとしていたところでした.

　「あなた, お母さまのお弔いはすませたでしょう? なにを言い出すんですか」と, つい夫に向かってきつくいってしまいました.

　それから何度も夜中に大声を上げることは続きました．美恵さんはそのたびに飛び起きなければいけませんでした．夫の寝言があまりにもはっきりとしているので，寝言ではなく，本当に話をしているのではないかと思うときさえありました．

　日中でも同様に山本さんは，幻視で鮮やかに人の姿をみては，美恵さんに訴えます．「キッチンの角に立っている人の靴にはひもがある．片方が赤で，もう一方は緑だ」というときもあれば，時に亡くなった「かあちゃん」が出てきます．「おかあちゃんが割烹着姿で台所にいるじゃないか．美恵，お前，おかあちゃんの姿がみえないのか？」美恵さんはその場で耳をふさぎながら，思わずいいました．「もう，いい加減にして…」

　その後も山本さんは幻覚（幻視）を見続けました．しだいに大勢の人が自宅に上がり込んでくる幻覚が増え，夜中の寝言や大声は収まることなく続きました．ある晩，美恵さんが夕食を終えて風呂に湯を張り，「お風呂が沸きましたよ」といおうとしたときです．美恵さんは，夫が風呂のすりガラスを凝視していることに気づきました．

　「どうしたの？」

　「美恵，あれが見えないのか．あんなに大勢の人が風呂に入っていたら，おれ，入れないじゃないか．」

　「気持ちの悪いこといわないで．しっかりしてよ」と，泣き崩れる美恵さんに山本さんも泣きながら訴えました．

　「おれだって，怖くて怖くて．いつも人がみえると怖いんだ．おかあちゃんならいいけど，知らない人が突然，何人も出てくる．あれ，本当はいないのか．おれはだれかに取りつかれているのか…」

　知らない人がみえるという体験は，だれにとっても怖い経験です．たとえおかあさんでも，もうこの世にいないはずの人の姿をお盆明けにみたと夫が訴えれば，妻も心穏やかではありません．

　この後，大阪市内の病院から紹介された山本さんに薬を使って様子をみましたが，1年経っても幻視は消えませんでした．薬物療法だけではすぐには効果が出にくかったようです．少しずつ視覚の中枢である脳の後頭葉の機能が低下したあと，結果的に幻覚体験も陰をひそめるようになりました．同じようにして極端な睡眠覚醒のリズムの乱れも減りました．山本さん自身も恐怖が収まり，「まあ，みえるけどいいか」と，幻視を受け入れています．

　ここで大切なのは，山本さんが「不安で怖く」つらかったことに私たちが共感をもつことです．不安を夫婦だけで耐えるのではなく，専門医が協力することで，この次に起きるかもしれない病的な体験への心づもりができます．そのことによる安心感によって，病的体験は減ってくるものです．「いま，彼に起きていること」を夫婦と医療が協力しながら共に受け止められれば，大きな安心につながりますし，また，美恵さんのために，山本さんの寝言が出ないように睡眠と覚醒のリズムを整えることも医療の大切な役割です．

せん妄は家族のせいではない

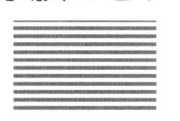

　せん妄とは，意識レベルが軽度に低下して，時間や場所がわからない，睡眠リズムが崩れる，言動がまとまらない，独り言をいったり，注意力や思考力が低下する，などの症状がみられるのが特徴です．たとえば，朝から夕方までぼんやりしていたのに，夕方から興奮して幻覚などの混乱が始まる「高活動型せん妄」，ぼんやりしていて会話がなくなり無気力になるなどゴソゴソとしている「低活動性せん妄」など，いくつかの形があります．

　外来で診察していると，目を開けてこちらと向き合っているものの「この人はいま，意識レベルが低下しているな」とわかる場合があります．意識レベルが低下していなくても認知・記憶などが障がいされるのが認知症で，せん妄は認知症とは異なるものです．しかし，そこにせん妄が合併（並行して起きること）してくることが珍しくないのです．

　認知症の人が入院すると，2～3日目をピークとしてせん妄が起き，夜中に点滴のチューブを引き抜いたり，着ていた服を脱ぎ棄てたりしてしまうといった混乱が起きる場合があります．

　かつて私も大学病院に勤務していたころ，入院してきたアルコール症の人が，アルコールが切れたことにより「アルコール離脱性せん妄」を発症するなど，せん妄は認知症によるものだけでなく，他の病気でも起こります．また，手術の後や環境の変化，体のバランスを崩した

ときなどにも起きやすく，高齢者ではとくに注意が必要です．

82 歳の高山新平さんはアルツハイマー型認知症で内科のかかりつけ医の紹介で来院しました．高山さんの認知症は重度で，足腰の動きには何ら問題はありませんが，記憶や判断力は低下し，ときに娘にも「あんたさん，だれやったかな」と聞くことさえありました．

その彼が興奮して眠れなくなり，ある晩，高山さんは夕方から混乱して，多弁になり言葉がたくさん出るのですが，なにをいっているのか，ひとつとして妻や娘には理解できません．何となく遠くを見るようなまなざしで，意識が混濁している感じは家族にもはっきりとわかりました．

「おとうさん，しっかりして！」

娘は不安になる自分の気持ちを落ち着かせようとするかのように，きつく高山さんを叱責しました．少しでも気を確かにもってもらいたいと思ったのでした．

ところが，それによって高山さんはより大きな声を出し始めました．次の日になっても収まりません．とくに夕方 7 時ごろを過ぎると声が大きくなり，妻や娘が思い余って高山さんを落ち着かせようとすると，「大混乱」が起きて 2 人ともたたかれてしまいます．高山さんは意識が混濁しているため，諭（さと）そうとする 2 人の言葉が耳に届きません．むしろ刺激となって，さらに混乱が増すのです．

さすがに 2 日間眠れないと，妻も娘も体力的に限界が近づいてきます．そんなとき，娘の訴えを聞いた内科医が往診してくれました．彼の姿をみた途端，内科医は高山さんの意識レベルが下がっていることに気づきました．この内科医は地域の認知症を支える「認知症サポート医」でしたから，早速，地域の認知症疾患医療センターに高山さんを紹介してくれました．

受診までに何日か時間がかかりましたが，センターで混乱した次の

日には，前の晩の混乱の記憶がまったくないことなど，せん妄を疑う
ポイントがわかりました．そして，アルツハイマー型認知症にせん妄
が合併した，と診断されました．後日，センターからの紹介で，高山
さんは私の診療所に通うことになりました．

　もし高山さんの状況を認知症の「行動心理症状（BPSD）」とだけ考
えていたら，適切な診断に至らなかったかもしれません．しかし，か
かりつけの内科医（サポート医）の判断で，せん妄を見つけ出すこと
ができました．

　せん妄は生物・心理・社会的要因が関係するといわれています．す
なわち，生物学的要因（認知症のように脳が萎縮して小さくなること
や脳血管に小さな脳梗塞ができること）で変化を受けやすくなります．
不安など，その人のこころの影響や社会的変化，たとえば急に入院す
る，急な転居で環境が変わることなどから起きやすくなるものです．
認知症の変化が，脳細胞の縮みや血管の詰まりによる脳の形の変化
（これを「器質性変化」と呼びます）であるのに対して，せん妄は脳
の働きが悪くなってぼんやりする変化（機能性変化）です．せん妄は
治療をすれば，またしっかりとした状態に戻ることができます．

　大切なことは，せん妄のときに介護家族が「大あわて」をしないこ
とです．私がかつて認知症の介護をする家族への支援をテーマに研究
したことがあります．せん妄を起こす人を介護する家族に「せん妄は
どうして起きるのか」「対応はどうするのか」「薬による治療はあるの
か」などの一連の情報を提供します．介護家族が「せん妄は大変だけ
ど，治す道があり，そのようなときには医療に相談すればよい」とい
う安心感をもってもらうことができた家族と，そうではない家族を2
年にわたって比較した結果，安心感を得ることができた家族から介護
を受けている認知症の人は，そうではない人に比べて，せん妄の発生
回数が減っていました．

　本人への治療ではなく,「家族の安心感が本人にせん妄が起きる回数を減らすのに役立つ」という結果が出ました. これを誤解して「家族がしっかりと介護しなければせん妄になる」とはいわないでください. むしろ逆です. たとえ, せん妄を起こしても, 介護家族がパニックにならず,「明日になれば医療職の人に連絡しよう」と思える安心感をもつことができれば, 言葉にはならない「非言語的メッセージ」(ちょっとした顔の表情や, しぐさ, 態度) となって, 本人の混乱を押さえることになります.

　せん妄は家族のせいではありません. 家族が責められるわけでは絶対にありません. 家族の安心が得られれば, 本人にもよい結果が期待できると理解してください.

徘徊といわないで…

　認知症がある程度進行してくると，自分のいる場所がわかりにくくなったり，時間の感覚がなくなる「見当識障がい」がみられます．この見当識障がいが原因で，いま自分が歩いている所が，突然わからなくなり，「どうしよう」と頭が真っ白になって，うろたえながら帰り道を探す，このような行動を「徘徊（はいかい）」とよんでいます．

　このとき，軽い意識混濁を伴う「せん妄」の状態になっている人も一部にはいますが，一般の人がイメージするほど「ぼんやり」と出ていく人ばかりではありません．帰り道を必死で探しながら「行方知れず」になっている人が，実は多いのです．

（1）おれはまだ大丈夫なはず；吉川英雄さんの困惑

　10年ほど前のことです．当時78歳のアルツハイマー型認知症（中等度）の吉川英雄さんは，年齢に不相応なほど体力がありました．早く妻を亡くし，娘さんと同居し，これまでずっと朝夕の1人での散歩を日課にしていました．若いころからラグビーで鍛えた強靱な体は彼の自慢でした．

　その日も，彼は凍てつくほど寒い朝の街に出かけていきました．1時間半かけて，川岸から堤防を抜け，隣町まで向かいます．夕方も隣町のショッピングセンターに出かけ，娘が仕事から帰る前に夕食の惣菜を買うのがいつもの日課でした．

　ところが，家を出ていつものように堤防に向かって歩き出した途端，吉川さんは自分の頭の中が真っ白になっていく感覚になりました．

　「おかしいな．この道はどこに向かうのだっけ」

　そのとき胸がドキン，として不安がよぎりました．

　「あれ，いつもなら考えなくても体が動いたのに…」

　そんなふうに思うほど，頭の中は混乱して，ここがどこなのかわからなくなっていきました．

　吉川さんは，アルツハイマー型認知症だと診断されていて，専門医からは「もし，場所や時間がわかりにくくなれば，遠慮なく相談してください」といわれていました．

　「おれはまだまだ大丈夫なはず」との思いもあります．

　必死に「落ち着いて，落ち着いて」と自分を安心させようとつぶやきます．そう思うほどこころが乱れます．

　落ち着いて 180 度自分の向きを変えれば，さっき出てきた自宅の玄関がみえたのですが，そのことすら気がつきません．突然，いまいる所がわからなくなってパニックを起こしてしまいました．

　「どうしよう，道を歩いている人に自宅を聞くのは恥ずかしい．そんなことをするより，これまでどおりに堤防に行けば，いつものように帰り道が難なくわかるかもしれない．」

　吉川さんの頭の中をさまざまな思いがめぐります．

　「恥ずかしい」という思いと，「こんなことになった」という落胆．そして，希望をなくさないように「何とかなる，大丈夫」と必死に自分を励ます気持ち．

　幸いなことにその日は 30 分ほどすると，いまいる場所がどこなのかわかりました．

　「ああよかった．こんなことは二度と起きないように」と彼は願ったのですが，その気持ちは半年後には打ち砕かれてしまいました．頻

繁に道に迷うようになってしまったのです.

　吉川さんは散歩のとき,「大丈夫,おれは大丈夫」と思いながら,血相を変えて毎日歩くようになりました.近所の人も「吉川さん,わき目もふらずに急いで歩いていくけど,あの顔をみると声をかけづらい」と思うほど,切羽詰まった形相で歩いていたのでしょう.

　その後,娘さんからの依頼で介護保険の手続きが終わり,もの忘れ外来にも通うようになりました.それで,吉川さんの不安は少し軽くなりました.症状がよくなることはないのですが,担当の医師が吉川さんに「いま,起きていること」を病状とともに説明してくれます.自分がどのようになっていくのかわからない恐怖感を払拭できれば,そのときは頭の中が真っ白になっても,次の診察のときには,対策を話し合うことができるからです.

（2）「ぼんやり」歩いているわけではない,「温かいまなざし」を
メンタル領域で使われている専門用語には古典的な表現のものが多く,「徘徊」という言葉もその一つです.「徘徊」という言葉は,「どこともなく歩きまわる」(広辞苑)という意味があるため,「何もわからない人が,ぼんやりと意味もなくふらふらと歩き回る」といった様子をイメージする人も多いと思います.

　しかし,私がこれまでに担当してきた認知症の人の中には,吉川さんのように「何とか自分の帰るべき道を見つけよう」と必死になって歩き,疲弊して見つかる人がたくさんいました.つまり,「徘徊」は,認知症の「見当識障がい」が原因で,本人も何かしら理由があって歩いていることもあるのです.

　このような人たちに対しては,とくに地域や周囲の人の「温かいまなざし」こそが必要だと私は常々思います.
最近では,「徘徊」という言葉が想起させる差別的,偏見を少しでも

なくそうと，いくつかの自治体や朝日新聞社のように「徘徊」という言葉を使わないようにしようという動きが見られます．こうした試みが広がってきたことはとても大切な流れです．

　その背景には，認知症という病気による行動障がいがなぜ起きるのかを理解し，自分は見て見ぬふりをするのではなく，積極的にその人の「困り事」にかかわろうとするそうした地域の「温かいまなざし」が，少しずつ増えていることがあります．

（3）かつてのつらい経験から

読者の皆さんは，かつて認知症の人が列車にはねられ，家族が振り替え輸送費などの名目で，鉄道会社から損害賠償を求められたニュースを覚えていますか．長年の苦難の末に，ご家族は裁判で勝訴しましたが，認知症のために事故にあったご本人も，そのことで訴えられた家族にも大きな悲しみが残ったと思います．
私がこれまでに担当した人の中にも，いわゆる「徘徊」行為をして，家族や地域の人がさがしても見つからない人もいました．数日後に見つかったある人は，地域にある公園で，頭を棒のようなもので殴られて頭蓋骨が陥没骨折していました．もはや事故ではなく事件です．担当医として大変申し訳なく思いました．

　「徘徊」と言われる行為をしている人のうち，少なからぬ人が吉川さんと同じような思いをしているのです．街で困っている認知症の人を見かけたら，「少しおせっかいかな」と思っても，「何かお困りですか」と声を掛けてみてはどうでしょう．そうした「勇気ある」振る舞いが，不安と絶望によって壊れそうな，皆さんの周りにいる「吉川さん」のこころに明かりを灯す大きな力になるでしょう．

在宅ケアの限界

だれもが住み慣れた自宅で毎日を過ごしたいと思うのは当然のことです．それは認知症の人でも同じです．そのような気持ちに寄り添うことこそが，私たちに求められています．しかし，いくら共感できたとしても，住み慣れた自宅で暮らせなくなることもあります．

2016年4月から2017年3月末までに，松本診療所（ものわすれクリニック）を受診している人のなかで，在宅ケアをあきらめなければならなかった人の原因を調べてみました．

もっとも多かったのが，精神的な興奮や粗暴な行為といった「BPSDが出て在宅ケアができなくなった」人が24名（41%），「食事不能になって介護を在宅でできなくなった」人が17名（29%），「介護拒否があった」人が12名（20%）となっています（図参照）．

独居の人の場合には，別の事情も出てきます．独居の人が在宅介護を続けられなくなる背景には，次の3つが挙げられます．

・食事ができなくなった場合
・排泄がコントロールできなくなった場合
・失火（出火）してしまった場合

とくに失火してしまうと，事態は深刻になりがちです．いかに地域住民が「認知症の人を，住み慣れた自宅で安心して暮らせるようにしてあげたい」と思っても，その人の家でいつ火事が起きるかわからない，という心配があっては，地域住民も安心できません．

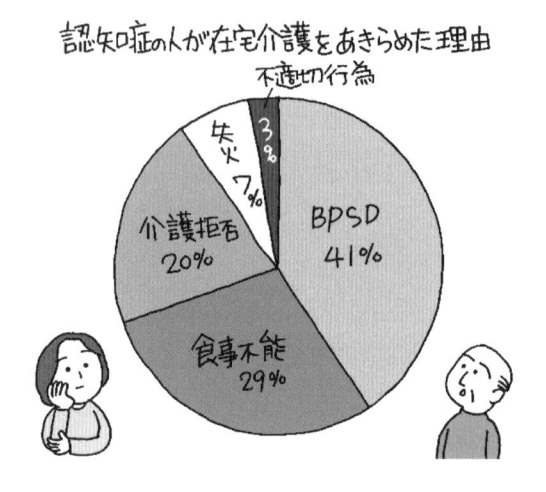

認知症の人が在宅介護をあきらめた理由

不適切行為 3%
失火 7%
介護拒否 20%
BPSD 41%
食事不能 29%

（1）高層マンションで暮らす高岡さんの事例

61歳の高岡雄二さんは3年前に妻を亡くし，都心の高層マンションにひとり暮らしです．ひとり娘は東北で子育てを終え，いまも教師をして忙しく過ごしています．

高層マンションに住みたいと願った妻を，このマンションで在宅のまま看取りました．なので，ここに住み続けることには何の後悔もありません．「天神祭りの花火が上がるなか，見送ったなぁ…」と妻との日々を思うと，むしろこのマンションにはとても親しみを感じています．

そのような高岡さんに認知症が始まったのは，妻を見送った2年後でした．ある日，娘さんは突然，マンションの管理人から「お父さんが行方知れずになられました」と電話で知らされ，びっくりしました．まさか，認知症とは，予想もしていませんでした．

認知症と知らされ，もうひとりでの生活は無理かな，と思っていま

したが，娘さんの心配に反して，マンションの住民や町内会の人たちが高岡さんを支えようとしてくれていました．見守りや声がけなど，こんな都心のマンションで，地域の住民のみんながかかわろうとしてくれるとは，正直思いもしていなかっただけに，娘さんは地域の温かさに涙しました．地域の人たちは認知症サポーター研修を終え，認知症とはどのようなものかを理解し，また地域包括ケアについても，地区の地域包括センターの講演会を通じて知っていたことが，協力につながったのだと思います．

　「これで父はもう大丈夫．私が遠距離介護のためになかなか帰れなくても，地域の人たちが支えてくれる」と，娘さんはこころから安心していることをケアマネジャーと語り合いました．

（2）高層マンションでのボヤ；予期せぬ事態に

　ところが，ある日の夕食時，帰宅して夕食の準備をしていた娘さんのもとに電話が入りました．ケアマネジャーからです．

　「お父さんが自宅マンションでボヤを出しました．オール電化で大丈夫だと思っていたのに火災が起き，マンション中がパニックです．」原因は，寝たばこだったようです．

　都心の中心部に立つ 35 階建てのマンションは火事になっても延焼しないようになっていて，高岡さんの部屋もスプリンクラーが早く作動し，大した火事には至りませんでした．

　「それは不幸中の幸い．よかった」うれしさもあって，思わず娘さんはいいました．ところが，ケアマネジャーは，「違うんです．ボヤ自体は大したことはなかったのですが，高層マンションでの火事でしたからね．あのマンションの高層階に住んでいる人って，案外高齢者の人が多いそうです．その人たちが『火を出すなんてとんでもない．高齢の自分たちは逃げ遅れてしまう』と抗議して，高岡さんをマンシ

ョンから早く出て行ってもらいたい，という雰囲気になっています.」

　ケアマネジャーはどうしてよいものかと悩んでいました. それを聞いた娘さんは大きなショックを受けました. 高岡さんが高層マンションに住み始めてから年数が経っていますから，当然，購入した他の住民の高齢化も進んでいたのです.

　つらい思いで娘さんは，この話を高岡さんに打ち明けました. すると「おれがそんなに悪いことをしたのか. 火を出したのは不注意だったけど，これからは気をつける. 追い出されたら母さんとの思い出もなくなってしまうじゃないか」と，高岡さんは嘆きました.

　さあ，困りました. 奥さんとの思い出がつまった住まいから追い出すなんて，とんでもない. むしろ安心してこれまでどおりの生活をしてほしい. でも，地域住民も安心して生活ができなければいけません.

　ケアマネジャーやかかりつけ医，訪問看護ステーション，ホームヘルパー，そして専門医（私です）も含めた担当者会議が開かれました. その結果，高岡さんに炊事は自分ではしないこと，タバコは吸わないことを約束してもらいました.

　こうした対策を取り，ホームヘルパーが炊事や買い出しをすることで，何とかこれまでどおり住み慣れたマンションでの生活が続けられることとなりました.

　要介護1だった介護保険も区分変更して手厚くし，週1回は訪問看護師が，それ以外の日はホームヘルパーが見守り，小規模多機能型のデイサービスやショートステイを使いながら，必要に応じて在宅支援診療所から内科の先生がきてくれる体制をつくりました.

　さらに，地域の人々も交代で高岡さんの様子をみにきてくれることになり，その後はボヤを出すことなく過ごしました. 認知症が進んで娘さんの住む東北の施設に入るまでの間，失火を気にしていたマンション住民の人も，この見守り体制を聞いて安心したようです.

認知症に関する国の基本戦略である「新オレンジプラン」で謳われているように，地域包括ケアの概念のもとで認知症の人や介護家族，そして，地域の人もまた安心感のなかで認知症の人を支えることが大切です．できなくなったことを責めることや，近所から出て行ってもらうことでは問題はなにも解決しません．むしろ，問題があるからみんなで連携することが大切なのだと，高岡さんは教えてくれました．

介護家族の苦しみ

　いままでは，せん妄や幻覚，不眠など認知症の中等度からみられることが多い行動面の「障がい」について書いてきましたが，これからは，認知症が進行するに従って出てくるさまざまな症状や「看取り」についても考えていきたいと思います．

　まず，認知症とともに生きる本人と常に向き合っている「介護家族」に焦点をあててみます．

　実をいうと，私のこれまでの精神科医としての臨床での歴史は，そっくりそのまま自分が「介護家族」であった年月と重なっています．私にとっては，「医者として認知症に理解を示している」というよりも，「これまでずっと家族の介護を続けてきた私がたまたま医者だっただけ」というのが実感です．それほど，介護と不可分な人生を生きてきました．

　私も妻も「ひとりっ子」です．それぞれの親の介護は覚悟していましたが，妻の父は胃がんで急に亡くなり，歯科医だった私の父は糖尿病で何年か苦しみましたが，夜の診療を終えたある日，胸の痛みを訴え，その日に急逝しました．

　一方，妻の母の介護は 27 年続きました．気分が沈み，ひとりで住むことができなくなったため，京都の自宅に呼び寄せ在宅で介護を続けました．改善したかと思うと，再び沈む日々を繰り返し，そののちにもの忘れが表面化しはじめて在宅介護は限界を迎えました．

　そして，京都の自宅からそう遠くないところにあるケアハウスに入所しました．しばらくすると，妻の母の状態は安定し，誤嚥（えん）性肺炎で亡くなるまでの7年間は穏やかに過ごすことができました．

　妻の母の介護が終わろうとするころ，今度は私の母に大腸がんが見つかりました．直腸や肛門付近にできやすい大腸がんが，反対側の盲腸から発生し腹部全体に広がっていました．気づいたときには「手遅れ」でした．それでも医師であった母は「死ぬまで診療を続ける」といって，亡くなる1か月半前まで，外来で内科，眼科の診療を続けていました．

　お互いの両親を見送ったころ，妻の異変が始まりました．気分が不安定になり食事も作れなくなり，何度も入院や救急搬送を繰り返しました．2013年の秋からは，本格的に「味を感じること」ができなくなりました．妻の母にも同じ年齢のときに同じ症状がありました．遺伝疾患ではないのですが，同じような経過で病気が出たようです．

　2014年の夏にはパーキンソン症状に加えて，食事を作ることはおろか，買い物にも行けなくなりました．認知症ではないので，妻は自分の意見はいえますが，生活するにはずいぶん手助けしなければならなくなり，秋には私は本格的に「介護家族」になりました．

　それ以降，私の1日は大きく変わりました．朝，妻の食事を準備し，日中，診療所で認知症の人やご家族にお会いして診察します．夕方には診察を終え，買い出しをして夕食を迎えます．妻が寝た後には仕事のメールや研究などをして翌日の診療に備え，就寝します．

　私の生活は変わりましたが，介護家族でありながらも専門医である自分にしかできない役割を果たしたい，との思いをより強くしました．

　不安やこだわりが強い妻の病気の介護をする私も大変だと自分でも思いますが，認知症でも同じような症状が出る人もいて，読者のなかには私の経験に共感をもってくれる人もいるはずです．そのような

意味では，介護家族となった途端にこれまでの人生から距離を置かなければならなかった人たちと，私は同じ立場なのです．

　ここである人の事例を紹介します．野宮一郎さん（47歳　男性）は43歳の妻が若年性認知症（アルツハイマー型）と，大学病院で診断を受けました．診断から3か月が経ち，途方にくれていました．高校3年生の娘と中学2年生の息子の2人，そして九州に住む妻の母親だけが家族です．他に兄弟がいない野宮さんは，妻のケアだけでなく，同時並行でやらなければならないことがいくつもありました．ひとつは自らが経営する家具店の経営です．社員3人の小さな会社なので，野宮さん自身が家具づくりと営業をしなければ店は続けられません．

　そこに加えて妻の受診と日々の家事．これまでは仕事が遅くなっても妻に任せておけばよかったことのすべてが，野宮さんの担当になりました．店を終えて帰りがけに食材を買い，帰って夕食の支度，妻の入浴が彼を待っています．これまでは商談で泊りがけの出張をすることもありましたが，それもすべて日帰りですませなければならなくなりました．

　そんな彼をみて，高校3年生の娘は夕食の手伝いをしてくれるようになり，「大学進学はあきらめて，お母さんの介護をする」ともいってくれました．しかし，野宮さんはそれだけは認めたくありません．大切な娘の将来です．高校3年の大事な時期に受験勉強もせずに母親の介護を任せるわけにはいきません．息子も同様です．もっとも輝く時期に子どもたちの可能性を捨てさせたくはありません．

　しかし，ここには大きな壁がありました．43歳で発症した妻は，その若さゆえにデイサービスやショートステイなどの介護サービスの利用は一切認めようとしません．「私，そんなことできるわ．そんなところには行かない」と，何度勧めても拒否します．

　野宮さんの日常は，しだいに仕事ではなく妻の介護のほうに重点を置かざるを得なくなってきました．自分にしかできないことは自分でやりながらも，それ以外のことは社員に任せて，店を閉める時間も早くなりました．経営者として，介護家族として，仕事と介護を両立しようと努めました．妻が介護を受け入れてくれるまで歯を食いしばって仕事と介護も続けましたが，体調を崩すことは一度や二度ではありませんでした．社員は理解してくれていますが，彼らにだって生活はあります．仕事や勤務時間が少なくなれば，給料が減ってしまいます．不安だったことでしょう．

　病気の種類や家族の状況はそれぞれ異なるでしょうが，このような介護風景はいまでは当たり前になってきていると思います．

　もし，野宮さんが自営業ではなく，会社勤めだったら事態はどのようになったでしょうか．仕事の時間調整はできたでしょうか．上司や部下は受け入れてくれたでしょうか．まだまだ認知症や介護に対してそれほど寛容ではない経営者や職場は少なくありません．

　認知症の人と生きるには，その人を理解し，その人を介護している家族のことを理解する周囲の寛容なまなざしが不可欠です．あなたの周りにも私や野宮さんのような「介護家族」がいることに気づいてください．

介護家族の「こころ」がたどる6つの段階

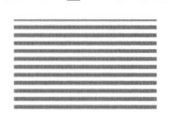

　人はだれもが社会的存在ですから，自分だけでは生きられません．まして，家族の介護をすることになればなおさらです．自分の「こころ」に注意しながら「認知症の家族を介護するとはどのようなことか」を知ることが大切です．介護家族に起きるこころの段階の変化を見ていくことにしましょう．

　だれにとっても大切な家族が認知症になることは，ショックであり，できればそうならないことを願うのは当然です．しかし，年を経るごとにそれぞれの家族がおかれた状況は刻々と変わっていきます．

（1）驚愕の段階

　初めて認知症の専門医療機関を受診して，診断や告知を受けるとき，家族を待っているのは「驚愕（がく）」です．たとえ，受診に至るまでに「かかりつけ医」から，それとなくいわれ，家族も「もしかしたら…」とうすうす感じていたとしても，やはり専門の医療機関での診断結果を伝えられると，家族は「驚愕」に直面する時期があります．しかし，この段階はあっという間に次の段階に移っていきます．

（2）否認の段階

　家族が認知症になったことを無意識のうちに否定するため，「否認」の段階とよばれます．父親が確定診断を受けたにもかかわらず，認知

症外来からいっしょに帰ってきた息子は，父親が診断されたアルツハイマー型認知症の病名を忘れてしまうかもしれません．自宅に戻り，妻から「お父さんの病名は？」と聞かれても「いや，医者は年相応のもの忘れだといっていた」と答えたとしましょう．

この息子さんはわかっていないダメな息子なのではありません．「できるならばないことにしたい事実」を否認するために，病名を無意識に忘れさせてしまう，こころの防衛反応なのです．

そうした息子さんの「こころ」を地域の人たちも理解できれば，否認の段階にいる介護家族に対し「お父さんは認知症みたいです．町内会の皆はわかっているのにあなたたちだけがわかっていないようです」などと無理に納得させようとはしないでしょう．「事実」を受け入れるタイミングを見図ることも地域の温かな「まなざし」です．

（3）怒りの段階

中核症状のために，最近の記憶を忘れて何度も同じことを聞いてくる場合や，日々介護してくれる家族に対して，「物盗られ妄想」などの行動心理症状（BPSD）が出やすくなると，これまで本人に合わせていた家族も，我慢の限界を迎える場合があります．そのようなとき，不適切な行為をしてしまうことがあります．しかし，すべてを我慢して，それらの言動に耐え続けながら介護していると，「怒り」の段階に入っていきます．この段階で，その怒りをだれかに分けることができ，怒りを払拭できれば，次の段階での介護が安定するのですが，だれにも自らの辛さを分け取ってもらえない状態が続くと，介護は破たんに向かいます．

（4）抑うつの段階

ある時期に抑圧されたその怒りが介護者を襲い，気がつくと介護者

自身が「うつ」になる場合があります．これに注意しておかなければ，知らず知らずのうちに追い詰められた介護者が，思ってもみなかった行為に及ぶ場合があります．それを「善意の加害者」と呼び，サポートしようと努めてきました．

（5）適応の段階

　先に記したように，だれかが介護家族の気持ちを受け止めて，怒りやその結果としての抑うつにならずにすめば，その後，介護者のこころは「適応」の段階を迎えます．しかし要注意なのは，一度，介護者が適応すれば二度と混乱することはない，と考えてはいけないことです．適応していた介護者でも，新たな困難に出会った場合には，元の「怒り」や「抑うつ」の段階に戻る可能性があります．介護家族は「怒り」「抑うつ」と「適応」の間を何度も行き来しながら介護をしているのです．

（6）再起の段階

　最終的に本人を見送ったあと，傷ついた介護家族のこころが再び前に向かって起き上がる時期を「再起」の段階といいます．これについては別の機会に詳しく記します．

（7）だれかのひと言が介護者の「許し」になる

　78歳の父親を介護する49歳の娘，田中葉子さんは在宅介護を始めて20年になります．父と2人暮らしをしていた彼女は，母親が若くして亡くなって以来，一家を支えてきました．2歳年下の弟には広い世間をみせてやりたくて，追い出すように東京に行かせました．いまでは弟は幸せな家庭をもっています．

　ある日，父親の様子が変わりました．これまでも低気圧が近づいて

くると混乱する傾向があった父ですが，今回は昼夜逆転の状態になってしまい，何日か田中さんも眠れない日が続きました．彼女は介護のために時間を有効に使えるように，これまで常勤になる機会があってもそれを断り，父の介護を優先してきた人です．今回のように不眠傾向が続くと，いまのアルバイト先もよい顔をしてくれません．「マズいな」と思いながらも，何とか調整しようとしていたある夜，父親が混乱して彼女に向かってつかみかかってきました．

　一瞬のことでよく覚えていませんが，彼女がふと気づくと，父親をはねつけていて，仰向けになった父は部屋の敷居で頭を打ち付け出血してしまいました．

　幸いなことに傷は大事に至らずにすみましたが，彼女のこころには大きな後悔の念が残りました．

　これほどまでの犠牲を払って介護した結果なのに，どうしてこんなことになったのでしょうか．困難なときでも，弟の家族に介護の負担はさせたくないと思いました．しかし，だれかが「許す」といってくれない限り，この介護をやめられません．医療者でも介護職でもだれでもいいのです．彼女がこれまで介護してきたことを評価する「だれか」のこころのこもったひと言が，「許し」になり，彼女を支えることにつながるのです．

　彼女が父親の介護を終え，自らの人生を切り開いてから今年の春で5年になります．介護者は，認知症介護では，もうひとつの当事者です．

過剰なストレスが介護者に

　認知症に限らず，在宅で家族などの介護生活を支えている介護者は日々の繰り返しのなかで，いつの間にか過剰なストレスをため込んでいる場合があります．「私，介護が苦痛じゃない．負担とは思っていない」と断言する介護家族がいますが，そんな気持ちとは裏腹に体に変調をきたしていることがあります．

　言い換えれば「こころでは頑張っているけれど，体がこころに代わって訴えかけている」といった状況です．必ずしも，すべての介護家族に出る症状ではありませんが，私は，このような症状が出ている人を診た場合には，常に注意して対応するようにしています．

（1）その体の不調は…？

　酒井信子さん（53歳）は，血管性認知症の義父（79歳）の介護を続けています．「更年期かな？」と思いながらも，もう3年，介護を自宅で続けています．夫はひとりっ子なので，介護をするのは当たり前だと信子さんは思っていました．

　介護が始まって1年半ほどしたころから，季節の変わり目にふらつきがひどくなるようになりました．かかりつけの内科医を受診すると，「更年期だからね」との返事．それでも，ふらつきがあるために，耳鼻科や脳外科の「めまい外来」にも紹介してもらいました．しかし，どこに行っても「異常はなにもありません」との診断でした．

　ふらつきの具合は，日によって違い，別の症状に姿を変えることもあります．立ち上がったときの「立ちくらみ」のようなものがあったかと思うと，次の週には，ふらつきが消えた代わりに胸の吐き気が強くなってきます．また次の週には，ひどい肩こりが出るなど….

　信子さんは，「私の体はどうなっていくのだろう」と考えたとき，義父を介護する気持ちさえ揺らいでしまいそうな自分がいることに気づき，「いけない，いけない，私の役割」と思い直して，日々の介護を続けていました．それから半年ほど経つと，今度は首の後ろに痛みが出始めるようになりました．整形外科に行っても「なにもない」といわれ，より疑問は大きくなります．しかも，その痛みは，信子さんが朝起きたときにもっとも強く，その後，体を動かしていると楽になってきます．不思議な痛みだと思いながら，さらに半年が過ぎると，今度は「高血圧症」と診断されました．

　実際には，ちょっとしたきっかけで高くなる血圧が，すぐに低くなるようですが，医師の診察を受けるときに限って信子さんは緊張して血圧が上がってしまいます．診察をしてくれた心療内科の医師からは，「お父さんの介護からストレスが昂じて心身症になっているようだ」と告げられました．

　しかし，信子さんは義父の介護を「負担」だと思ったことはありません．自分でもストレスが過剰になっているとも思えないのです．生真面目な性格の信子さんは，夫にも自分の体調の変化を相談できません．そんなことをすれば夫が義父の介護を申し訳なく思ってしまいます．友人にも「いつも明るく頑張り屋さんの信子さん」で通っています．

　「私の努力が足りないから調子を崩してしまうんだわ」

　「私が弱くて，こんな症状が出てしまうのなら，もっと努力しなければ．だって，お父さんの介護が負担だということはないのだから．」

（2）頑張り屋さん，たまには弱音を吐いて

　身の回りに思い当たる人がいる，と感じた読者の方も多いのではないでしょうか．認知症の人の家族を支援するという取り組みを続けてきた私も，ずいぶんたくさんの「信子さん」に出会ってきました．

　頑張り屋で，人のために自分が努力することをいとわない介護者，といえば，とても聞こえがよいのですが，そのような場合，多くの介護者は「失感情」的になっていることを忘れてはなりません．「感情を失う」といっても決して「無感覚」なわけではありません．介護者である自分が，過剰なストレスを受けているとしても，そのストレスを感じにくい人のことをいいます．

　介護者自身が「つらくない」と感じているだけに，周囲の人もなかなか早期に気づくことができません．認知症の介護をしている介護者が愚痴ばかり吐いているのもどうかとは思います．私も妻の介護ですぐに弱音を吐き，愚痴をいってしまいます．ですが，時にはそうして介護者が自分にかかっている過剰なストレスを自覚して，周囲の理解ある人に「吐き出す」ことをしなければ，少しずつ沈殿するかのように，過剰なストレスは介護者の体を使って表現しはじめます．とくに，介護者が失感情的で自らの負担に気づきにくい場合には，信子さんのようにいつの間にか体が変調をきたすことになります．

　このような状況で介護を続けている人はたくさんいますが，その介護に「救い」がないとすれば，今回の話はつらいだけの話になるかもしれません．

　しかし，信子さんはその後，1年かけて私といっしょにその過剰なストレスを自ら感じられるようになりました．いくつもの試行錯誤があり，いまでも失感情的になってしまうときがあります．しかし，こうして共に考え，体調不良の原因やメカニズムを知った信子さんは，かつての彼女とは違います．

介護に燃えつきないために

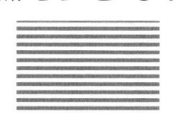

　介護者のストレスの軽減を生涯のテーマに掲げて活動し始めたのが 28 年前でした．そして，日々の診療と研究を続けていくうちに，私はもうひとつのテーマと向き合っていかなければならないことに気づきました．それは介護者の「バーンアウト」です．熱心な介護者が，だれの力も借りず，頑張り過ぎの介護を続けていくと，次に待ち受けるのは，「介護破綻（はたん）」という危険な状況です．介護者が燃えつきてしまう「バーンアウト」こそ，もっとも避けなければならないことであると思うようになりました．

　介護にバーンアウトすることは，単に介護者が介護ができなくなるだけではありません．はじめは「善意」をもって認知症の人を介護していたにもかかわらず，日々繰り返される介護の負担感から，少しずつ追い詰められ，結果的に「思ってもみないような行為を取ってしまう．そのような人も少なくないことがわかってきました．

　いわゆる「虐待行為」「不適切行為」といわれても仕方がないような行為を，悪意からではなく，介護に行き詰まることで，つい，行ってしまう介護者がいることは見過ごすことはできません．悪意はなくても虐待や不適切な行為は起きてしまうものです．高齢者介護では，不適切行為を受けた人の実に 7 割の人には認知症があるという調査結果（松本診療所のカルテから）があるように，介護に追いつめられてしまう介護者をなくすことも，私の大切な臨床と研究のテーマとな

りました.

（1）こんな介護者の発言には気をつけて

　介護をしている家族が，よく口にする言葉をまとめてみました．すると，次のような 3 通りの発言をしている介護者が破たんしやすいことがわかってきました.

　①私は介護でつらい思いをしたことがない.

　②私の人生は〇〇の介護にささげる.

　③私はだれの手も借りずに介護しなければならない.

　この 3 つの発言こそ，介護者が介護に燃えつきることを予見し，その危険を未然に防ぐために，私たちみんなが知っておくべき発言です．しかし，こうした発言は別段珍しいものではありません．いつも聞く可能性がある言葉です.

　とくに 1 つ目の「介護でつらい思いをしたことがない」という発言は，どのような状況で介護者が発するかを見極めることが大切です．「介護がつらくない」と発言している介護者が，ときには本人をショートステイに委ねて旅行を楽しんだり，日々の介護のなかでもホームヘルパーやデイサービスを活用したりして，自身が担う介護負担を上手にコントロールして過重にならないようにしていれば，この発言をした人は介護家族として本当に「つらくない」のでしょう．そのような人は介護に行き詰まることはありません.

　しかし，「つらくない」といっている反面，先に紹介したように体が介護者のこころに代わってつらさを表現していることがある場合は，周囲の人が手を差し伸べなければいけないときです．体のふらつきや，気分が悪くなるような不定愁訴（あれこれと調子の悪さが繰り返す）が出て，その後，慢性的な痛みが首や肩，腰などに現れ，そして，心身症（実際の体の病気）が出てしまう前に対処しなければなりません.

（2）介護 30%，自分の人生 70%

「つらくない」と発言をしている介護者は，一般的には生真面目で介護者として「やりすぎ」の人です．このような介護者を「過剰適応タイプ」とよびます．

2つ目の「自分を介護にささげる」などと発言する介護者は，とくに要注意です．この発言は，介護している人と介護されている人との心理的な距離がきわめて近くなっている証拠です．

いかに介護している人が大切だとしても，介護者には介護者自身の人生があります．認知症をはじめとする介護の世界は，介護者の人生があってはじめて成り立つものだと普段から私は考えています．「あなたの人生を生きることが 70%，介護に費やす人生はいくらその人を大切に思っていても 30%までにしてください.」

私は日々の臨床で，介護家族の人にこういいます．私の診療所のカルテを見てみると，「介護にささげる」といった自分を犠牲にするような発言をした介護者のうち，3割の人が，その発言から 6 か月以内に介護が「破たん」してしまっているというデータがあります．自分を犠牲にするような介護者の発言は，とくに注意すべき発言なのです．

（3）母をベッドに残して

83 歳で血管性認知症の高松秀子さんは若いころから股関節が悪く，70 代後半には「寝たきり」の生活になりました．不整脈も持病としてもっているため，何度か小さな脳梗塞を繰り返し，微小脳梗塞（ラクナ梗塞）による血管性（多発梗塞性）認知症が始まりました．

息子の隆さん（59）とその妻，娘の 3 人は，秀子さんを自宅で介護する決意を固めていました．隆さんは小さいころは体が弱く，秀子さんが献身的に育てたことも影響してか，隆さんは「おれが元気でいる限り，おふくろの介護のために人生をささげても悔いはない」と公言し，妻も

娘もその隆さんのこころを大切にしようと協力してきたのでした.

　しかし，本人の昼夜逆転が激しくなったころ，家族は夜に大声で叫ぶ秀子さんの介護に苦しみました. 夕刻から始まる大声は深夜にも及び，3 人が寝ることを許さない状況になりました. ひと晩中，「お～い，お～い」と声が出て，3 人は不眠の日々が続きました. 内科のかかりつけ医も睡眠導入剤を処方し，何とか秀子さんを寝らすように努力しましたが，それだけでは不眠は改善しません.

　そのような事態が 4 か月続いたある日，私はその内科医から「秀子さんを眠らせてあげないと息子さん家族が介護に破たんしてしまう」と協力を依頼されました. その直後，その事件は起きてしまいました.

　ある朝，地域の民生委員が訪ねたとき，秀子さんひとりが介護ベッドに横たわっていました. 周りにあったはずの家財道具はなくなっていて，家族はだれも家の中にはいません. 民生委員があわてて連絡してくれて，かけつけた内科の主治医と私がみた風景は，秀子さんだけを残して家族 3 人がまるで「夜逃げ」でもしたかのように，家から消えてしまっていました.

　こうした状況は，認知症がある高齢者に対する「介護忌避」という，虐待行為（不適切行為）と見なされ，隆さんたちが「加害者」といわれても仕方がない行為でした. 善意にあふれて介護をしていたはずなのに，そのあふれる気持ちにゆとりがなくなり，秀子さんの認知症からくる症状と向き合い切れなくなったとき，高松さん一家は「善意の加害者」になってしまいました.

　幸いなことに高松さん一家はその後，秀子さんがショートステイを利用するようになり，家に戻った隆さん一家も「人生をかけて母親を介護しようとしたこと」が家族を追い詰めていたことに気づいてくれました. あれから数年，いまでは秀子さんが入所する特別養護老人ホームに家族で面会に行く高松さん一家を見かけます.

介護を拒否する認知症の人

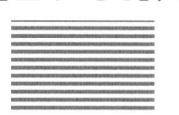

　熱心な介護者ほど日々の介護の負担に追い詰められ，「善意の加害者」になってしまい，虐待や不適切な行為をしてしまうことがあります．そのことについては前回触れましたが，改めて「高齢者への虐待」について詳しく見ていきたいと思います．

　「高齢者への虐待」イコール「認知症への虐待」ではありません．しかし，密接に関係があることは確かです．皆さんもご存知のように若年性認知症の人への虐待的行為もありますので，必ずしも高齢者とは限りません．

（1）高齢者虐待の5つの形

　ここで高齢者虐待について少し説明したいと思います．虐待とは本人の意に反して当事者に何らかの「不都合」や「苦痛」を与えてしまうことです．たとえば，高齢者虐待防止法という法律では，高齢者虐待について，

　①身体的虐待：殴る，蹴るなどの身体への暴力を与える，

　②心理的虐待：尊厳を損なう言葉で罵倒することや，無視や侮蔑的
　　態度をみせる，

　③経済的虐待：本人が所有する金品を取り上げたり，処分したりする，

　④性的虐待：本人が同意しない性的行為を行う，

　⑤介護忌避（ネグレクト）：食事を与えなかったり，放置したり，

　するべき介護をしない，
といったものに分類されています．

　どのような行為をするかに着目した分類以外にも，家庭内で行われるもの，施設で行われるもの，などの分け方もあります．

　私が常に気をつけていることがあります．本人に対して悪意や否定的な感情をもって行われる虐待だけでなく，悪意などみじんもなかったにもかかわらず，日々の介護負担から介護者が思ってもみなかった行為に及んでしまうこともあります．まさしく，前回テーマにした「善意の加害者」はそれにあてはまります．

　もちろん，虐待的行為（不適切行為）を私たちが発見した場合には，通報しなければなりません．なぜなら，虐待を受けている本人を身の危険から守ることが，もっとも大切なことだからです．

　「悪意」の虐待はいうまでもなく，たとえ介護者が日々の介護に追い詰められた結果，思ってもみないような行為に及んでいる「善意」の場合でも，本人の保護は第1に考えるべきことです．

　ただし，そのときに忘れてはならないのは，加害者の立場になった介護者への配慮です．

　かつて，私の経験でも「これ，虐待行為！」と指摘されて，われに返った介護者が，その後，自分の行為を反省し，さらに自分を責めた結果，自死（自殺）してしまったこともあります．

　認知症の介護では，これまでに書いてきたように，介護する家族など，本人ともっとも近い距離で生活する人に対して，被害感や攻撃性などが向けられやすい傾向があります．そのため，もともとは熱心に介護している介護者でも，繰り返される負担が過剰になると，つい，不適切な行為を行う状況にまで追い詰められることを，われわれ全員が理解することが大切です．

　また，次に記すような，自らがケアを受けることを拒むことにも私

たちは注意を向けなければなりません.

（2）都心の高層マンションで介護を拒否する老夫婦

　このケースは，5つの分類に入らない6つ目の「虐待行為」であり，認知症と生きる社会にとって，最も大切なテーマなのかもしれません.

　都心の高層マンションで暮らす田辺喜一さん（81歳）と妻の和代さん（79歳）は数年前に引っ越してきました. それまでは，40歳のころから住み始めた郊外のニュータウンから, 自ら経営する建設会社まで通勤していました. 子どもたちも独立して夫婦2人だけになったのを機に，「便利な都心のマンションに住もう」と喜一さんが言い出したためでした.

　当時，自らの会社が建てた30階建てのマンション（タワーマンション）の最上階に自宅を移したのはよかったのですが，それから何年かしたころに, 和代さんがアルツハイマー型認知症になりました.

　これまで介護経験などない仕事人間の喜一さんでしたが, 頑張って介護を続けました. しかし，数年後, 娘さんが喜一さんの異変を感じて受診したところ, 喜一さんも血管性認知症になっていることが分かりました.

　急いで介護保険の手続きをして, 2人とも要介護1と認定されるまではよかったのですが, その後, 大変なことになりました. 2人は自宅にケアマネジャーやホームヘルパーをまったく入れようとしません.「私たちはしっかりと生活できている」「人の手は借りない」「娘の世話にはならない」といい, 高層マンションの最上階でだれの手も借りようとしない「介護拒否」の状態になってしまいました.

　医療機関での診断を受け, 娘さんもその家族もみんなが介護の必要性を感じていました. それにもかかわらず, 2人はあらゆる介護を受け入れようとはしません. あらゆることが「自分でできている」と言

い張りますが，風呂にも入らず，食事も買い出しも思いついたときにだけ行っているようです．娘さんも，玄関先までしか入れてもらえず，2人がどんどん痩せていくのがわかるようになりました．

（3）もっとも注意すべき虐待「セルフネグレクト」

このような2人の姿こそ，これからの認知症社会でもっとも注意しなければならない「セルフネグレクト」です．「介護忌避（ネグレクト）」は，介護すべき人が介護をしないことを指すのに対して，「セルフネグレクト」は本来なら介護してもらうべき人自身が，介護を受けることを拒んでしまう状態です．このような人の多くは認知症があり，自分の生活ができていないことをわかっていない場合があります．

喜一さんの場合も，当初は奥さんの介護者として日々を送っていましたが，少しずつ血管性認知症が始まり，多くのことができなくなっていきました．それにもかかわらず，彼は「自分で何でもできている」と思い込んで，高層マンションの部屋に閉じこもってしまいました．

田辺さん夫婦の場合には首都圏に住む息子さんがいたことが幸いしました．近くにいる娘さんと息子さんが協力して，ケアマネジャーや地域包括支援センターに連絡をし続けました．だからといって，すぐ介護サービスが導入できたわけではありません．

ずいぶん時間がかかりましたが，それでも1年後，喜一さんが風邪をこじらせて奥さんの介護ができないことを実感したとき，息子さんに電話がかかってきました．

「体が動かない，何とかしてくれ．」

このひと言をきっかけにケア体制は前進しました．喜一さんが「自分で何でもできている」と思っているときには，周囲の介護職が入る隙はありませんでした．助けを求めたこのときこそ，間髪を入れずにかかわるチャンスだったのです．セルフネグレクトの状態は改善し，

いまではホームヘルパーや訪問看護など, 多くの介護サービスが確立し, 子どもさんたちも胸をなでおろしました.

(4) 関与しながらの観察；いま, この場でできなくても

　サリヴァンというアメリカの精神医学者が残した言葉に「関与しながらの観察」という概念があります. 私たち精神科医はこの言葉を大切にしています.

　子どもを診ていく親や教師, 医師らが, 自らも巻き込まれそうになりながら, それでも何とかこの子を支援したいと思ったとき, なにもできない場合があります. そのようなとき, みんながあきらめず連携しながら観察を続け, なにか変化があるときに, すぐにかかわれる体制を作っておく. そうすれば, たとえ「いま, この場では」なにもできなくても, 連携による観察, そのことが大切な「関与」, かかわりになっていると説いています.

　認知症の場合も同じだと私は思います. いま, ここで介護保険や医療が, かかわってあげたくてもかかわれないとき, 家族や支援職が常に連携しながらかかわるチャンスを見逃さない. そうすれば, 田辺さん夫婦の場合のように時間がかかるかもしれませんが, チャンスを見逃さない地域のまなざしにより, 本当の地域包括ケアが根づくのではないかと思います.

たまには「No！」と

　介護の負担に追い詰められ，虐待など，思ってもみなかった行為をしてしまう「善意の加害者」．介護家族がそうならないようにするには，どのような点に注意すればよいのでしょうか．ひとりで介護をしていると，気づいたときには介護に追いつめられていることがあります．早くそのような状況に気づくことが大切なのは，これまでも書いてきました．しかし，自分がどのような状況に置かれているかをしっかりと把握できる人ばかりではありません．むしろ，気づかないうちに，がんじがらめの状況になっている人も少なくないのです．

　筆者自身も，かつて，妻の介護で「何でも自分がやらなければならない」との思いから，「やりすぎ」ていた時期がありました．介護や認知症の専門職でも，自分のことにまで心は至らないものです．そのようにならないために，なにをすればよいのかを記してみます．

（1）当たり前だから気づけない，認知症介護における関係性

　人と人との関係は，相手の良い面も悪い面も含めて全体として差し引きし，相手に対する肯定的な面が否定的な面を上回っていると感じれば，その人との関係は良好に保たれます．これはなにも介護に限ったことではなく，だれかと付き合っていくうえでは基本となる関係です．

　「〇〇さんのここが好き，ここは嫌い」といいながら，子どものこ

ろから他人との関係が続いていくのは，このような判断を無意識のうちに行ってきているからです．

ところが，このような「ごく当たり前」の関係（「対象関係」といいます）が，認知症をはじめとする介護の場面では変わってしまうことに，介護者は案外気づいていないことがあります．

「親が倒れたのだから，息子として，僕が看るのは当たり前．」

「夫が認知症になったのだから，夫とは気が合わないけれど，妻として介護して行こう．」

多くの介護者が認知症の介護を始めた途端，それまで，自覚していたはずの本人に対する「ここが嫌い」という感情が，無意識のうちに振り払われてしまい，そして，まるでそうした感情がなかったかのように，「私はいま介護しているこの人のことが好きだ」という肯定的な面ばかりをみてしまうことがあります．

私も妻の介護が始まったころ（妻は認知症ではなく，いまはパーキンソン症状と不安・強迫性が強いのですが），「介護者となった限りは，できる限りのことをしよう」と思い，自分の内面にある妻への否定的な気持ちを無視していた時期があったと思います．

しかし，そのような状況は長くは続きません．介護に行き詰まり，自分のなかに怒りをため込んでしまったこともあります．

（2）頑張りすぎて「メランコリー」になっていませんか

そのようにして介護に疲れ，追い詰められることで「善意の加害者」となってしまうという悲しい結果にならないために，私たちにできることはあるのでしょうか．

これまで，私が取り組んできた家族支援において大事だと思うことをいくつか書いてきましたが，今項では，さらに「自分を知ること」の重要性について考えてみることにします．

　介護者としてわが身を振り返ったとき，以下の項目に心当たりはありませんか．

　①私は人に頼られることが多い．

　②人が嫌がることを引き受ける．

　③私は自分が陽気な性格だと思う．

　④私は人と対立することを避ける．

　この４点のうち，自分はいくつあてはまるかをチェックしてみてください．熱心な介護家族や介護職，他人のための仕事をすることが生きがいであるような人々に共通してみられるこのような傾向（性格，行動パターン）は，うつ状態になりやすい傾向として「メランコリー親和性性格」とよばれる性格と重なります．

　もともと陽気で，人が嫌がることも引き受け，相手の気持ちも読めるので，対立することなく，その場を和ませるなど．一般社会でも，介護でも，さまざまな人との集まりでも，このような性格や行動をできる人々がいれば，集団のなかで摩擦を生じることもないでしょう．

　ところが，自分がいいたいことも押さえて，周囲の意見を汲み取り，人が嫌がることを「よし，任せておけ」とあえて引き受けるのですから，ときにはその「ガンバリ」がきかなくなって，「メランコリー（うつ状態など気分がふさぐこと）」になってしまうことがあります．

　世間からみると「介護者の鑑（かがみ）」ともいえる人が，自分のこうした傾向に気づいていないとき，いつか介護に燃えつきる危険性をもったままになってしまいます．

　それゆえ，自分にはいくつの点が当てはまるか，常に考えてください．私の臨床経験では，この４つのうち，ひとつでも意識して「NO」といえれば，ストレス過剰からメランコリーになることを防げます．

　しかし，日々の介護で，「できない」「いやです」とはなかなかいえないものです．そのようなときには無理に拒否しようせず，3回に1

回ぐらいは「これ以上は負担になるから，今回はできない．次回また
やるからね」といってみましょう．

　自分の内面に注意を向け，過剰なストレスがあふれてしまわないよ
うにコントロールできれば，介護は破たんせずに続けられます．

　介護家族は，認知症介護のもう一方の当事者です．家族が「バーン
アウト」し，「善意の加害者」にならないように，まず「自分を知る」
ことから始めてみてはいかがでしょうか．

BPSDなどの混乱が収まってきたときに 取るべき行動とは？

　本項では，認知症による BPSD などの混乱が収まってきたときに，介護者（家族）が取るべき対応について考えていくことにしましょう．

　かつて BPSD が激しく出る時期は 3 年目あたりにピークがくること，そしてその後はたとえ脳の変化が悪くなっていなくとも，少しずつ「影をひそめる時期がくる」という，これまでの私の臨床の経験を記させていただきました．しかし，これはあくまでも一般的なことで，なかには認知症が重度になってもなお，BPSD が収まらない人もいます．

　私が担当している人で，もう 10 年ほど前の話ですが，夜昼となく大声をあげる 90 歳前の女性がいました．どのようにケアしても改善することがなく，医療の面から安定剤を処方しても行動は一向に改善しませんでした．介護者である息子さんもさすがに「これ以上，母に症状が出続けるなら，私はとんでもない行為をしてしまうかもしれない」とつぶやき，私もずいぶん心配したものでした．

　ところがある冬の日を境に彼女の大声はなくなりました．これは，90 代の彼女が風邪をひいて発熱し，体調が変わったためでした．症状が出ているときには「大変だ」と思っていた BPSD ですが，それ以降はまったく影をひそめてしまいました．超高齢まで元気な人は，体調が変わるときには急速に変化します．その発熱をきっかけに彼女の大声はなくなりました．

その後，息子さんから聞いた話では，「急激に体が動かなくなって，いまは寝たきり」だそうです．「いまになって考えると，母が混乱して大声を出していた当時が懐かしいとさえ思います．母は現在，なにも訴えることがなく，寝たきりの毎日を送っています」とのこと．困難にみえたことでも，時間の経過とともに変化が出てくるものです．

（1）脳が変化するから，見かけ上の混乱がみえなくなるのか？

このような経過があると，よく聞かれることがあります．先の彼女の場合には，高齢＋全身の状態が変化した結果だと思いますが，家族に対して「混乱の時期は過ぎつつありますね」といった説明をすると，「先生，それって本人の脳が変化して悪くなっていったからですよね」という人が多くいます．

確かに萎縮など脳が変化して混乱が起き，その後，その変化が出ないほどに悪化することで，混乱時のBPSDがなくなっていく人もいます．しかし，脳の変化は起きず，萎縮がみられなくても，ある時期を境に激しい症状がなくなっていく人もいます．私はいつもBPSDがなくなった後にこそ，安定した生活が送れるように身体面の機能維持，を大切に考えています．

（2）BPSDの後に「寝たきり」にならないために

混乱や興奮が終わったときに，その人が「寝たきり」にならないために大切なことは，混乱を抑えるために医師が薬を処方しすぎないことです．ほかの先生はそのようなことはないかもしれませんが，私はもう四半世紀も精神科医として認知症を診ているのに，いまだにピタッと合うような薬の処方ができません．お恥ずかしい限りですが，処方が足りなくて本人の混乱が収まらないかと思えば，つい処方しすぎて次の週に「先生，父が起きてきません」と聞いてあわてて薬を減ら

したりして, 大騒ぎの診療をしています.

　認知症の薬のなかでも, できれば安定剤は控えるべきです. しかし, どうしても混乱が抑えられないときには, むしろその混乱を取らなければ, その人の状態が悪くなってしまいます. それゆえ私は家族や介護職の意見をできるだけ吸い上げて, 処方の参考にさせてもらうようにしています. 認知症の人の日々の生活をみているからこそいえる情報があります. 診察を通じてその人の様子をみることも大切ですが, 日々の様子を知らせてもらうことは, より大切な情報です. そうしてお互いの情報や感想を交換し合って, その人の安定が図れれば, 認知症の進行を抑えることにもつながります.

　「寝たきり」にならないために, 訪問看護ステーションや訪問リハビリテーションをしてくれる理学療法士, 作業療法士などの専門家にお願いして認知症の人の筋力維持を図っています. 足の筋力がしっかりとしている限り急激な認知症の悪化はないと思っているほどです.

（3）いま, このときの家族支援

　このように四苦八苦して処方をしているときにも, 自分では「認知症の人や家族にとって, いま, このときに必要な支援ができるように」と, 努力しているつもりです. しかし, 処方がうまくいかず, 私が頭を抱えていると, 多くの家族の人が「先生の処方でやってみるわ, うまいこといかんでも私ら頑張ってみるわ. 先生, あんまり気にしたらあかんで」と支えてくれます. 介護職の人たちも「この処方を託された私らが, この後はケアでやってみます」ともいってくれます.

　「ひとを支えることが人生では大事, だれかのために生きられたら幸せ」と祖母にいわれて育ちました. そのような人間を目指して医師, 歯科医師になったのですが, ふと気がつくと, 今日もみんなに支えられている私がいます.

認知症介護は「5回と30分の法則」で

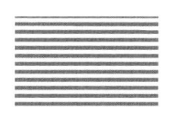

　認知症による混乱の時期はあるときまでがピークで，その後は徐々になくなっていくものですが，介護をしている家族にとっては，いつまで続くか，先がみえない迷路に迷い込んだように感じられると思います．そのようなとき，これまでの臨床経験から私は「5回と30分の法則」というやり方で，介護する人が追い込まれないようにアドバイスしています．これは，なにも実証的な研究の結果から出てきた学説ではありません．私の日々の臨床を通して感じるようになったものですから，参考程度にしてください．「こんなこともあるのかな」と介護者が思ってくれると，介護の先がみえない闇から，少しだけ先の明かりがみえるかもしれません．

　5回とは，もの忘れや了解の悪さなどの中核症状によって同じことを認知症の人が繰り返した場合，一般的な介護者，家族が耐えられる限界を指しています．食事をしたのに「まだ食べていない」とか，買い物に行くと話したのに「まだ行っていない」とか，言い換えれば，だれでも同じことを5回繰り返す認知症の人と向き合えば，イライラするのは当たり前だということです．しかし，「5回繰り返すと介護者はイライラの限界になる」からといっても「じゃあ，もうまじめに介護しなくてもよい」とか，「本人に対して不適切な行為をしても仕方がない」ということではありません．しかし，介護者が燃えつきないためには，「5回はストレスである」ということも知ってもらい

たいのです.

　BPSD（認知症の行動・心理症状）で混乱する認知症の人と向き合って，何とかなだめようとしても無理な場合，一度，その人の目の前から距離を置くほうがよい場合があります. いったん頭を冷やしてから対応するほうがよく，一定の時間を超えると，何とか認知症の人をなだめようとしても，一度混乱すると戻らないこともあります. 混乱した症状が続くのを見極める時間の目安が 30 分というわけです.

（1）BPSD ってなにが何でも消さなければならないのか？

　かつて私が担当した認知症の人に，和田恵美子さんという 82 歳の女性がいました. 彼女は認知症が進んでいましたが，それでもひとりで住むことができるほど能力の高い人でした.

　そのような彼女が，ある受診日に普段とは異なる訴えをしてきたのを，いまでもはっきりと思い出すことができます. 彼女は「先生，私の傍にいつも白いキツネがまとわりついてくるんです」と言い出しました.

　血管性認知症であった彼女に幻視が出てきたのでしょう. 認知症による BPSD に間違いありません. 幻覚妄想状態は，なにが何でも，なくさなければならないと考えていた当時の私は，抗精神病薬を使いながら（それでもできる限り少量でよいように考えましたが），彼女の BPSD をなくすように努めました（これを病的体験の疎隔化といいます）.

　そのような状況が 3 か月ほど経ったころ, 診療所にこられた和田さんに「もう少しであなたを悩ませた幻視が消えますから, 安心してくださいね」といった私に，彼女は少し困ったようにいいました.「先生，私を助けようとしてくれているのは嬉しいのですが，実は私，ときどきみえる白狐がまったくいなくなることが寂しいんです.」

「私はひとり暮らしです. だれにも会わないで1日が過ぎることもあります. だから, ときにはあの子が出てくると寂しくないから, 少し, 残してくれませんか.」

当時の私は驚きました. BPSDの病的体験（幻聴や幻視をはじめとする精神症状や混乱）は, なにが何でもなくさなければならないと考えていたからです. しかし, その後の臨床経験でいくつかのことがわかってきました.

確かに病的体験としてのBPSDがその人を振り回すほどひどくて, 本人の精神状態も悪くなるようなものであれば, そのBPSDは必ず（薬物療法などによって）なくす必要があります. しかしそういった状況ではない場合には, たとえBPSDが残っていても認知症の悪化がない場合があることを私は知るようになりました.

（2）安心して過ごすことが認知症の悪化を防ぐ

そのことを理解したうえで, 病的体験を改善することが本人の落ち着きにつながります. これも私のこれまでの経験からですが, 認知症による混乱がない人は病気の悪化が少なく, 長い時間をかけても悪化が目立たないことがわかりました. その人のこころを無視してまで治療的な行為をするよりも, 安定して過ごすことが認知症の悪化を防いでくれることもあります.

この話は, あくまでも私の臨床経験の1例です. 病的体験があっても放置してよいと短絡的に考えるのはよくありません. あくまでも治療をすることが大事であることを大前提にしていますが, その際に本人の気持ちなども大切にしたいために, この話を紹介しました.

言い換えればBPSDによって認知症の人自身が混乱しているのを放置すれば, その人の病状は悪化していきますが, ある程度の病的な体験をもっていても, その人自身がその体験によって振り回されないな

ら，無理に消し去らなくてもよい場合もあるということです．

　かつてある病院に私が外来で担当していた認知症の患者さんが緊急入院したことがあります．私が知らない間の入院で救急搬送されたのですが，そこの医師は家族にこういったそうです．「この人は認知症で混乱する人だから，薬を使って起きないようにします．立ち上がったり夜中に混乱したりすると転倒して危ないでしょう．それにご家族も付き添いが大変になりますから，起きられないように薬を使います．」

　そう告げた医師はあくまでも患者さんとなって入院してきた人の安全を守り，病棟の管理上，必要だといいたかったのでしょう．しかし，そのことを告げられた家族は救急搬送したことを後悔して，泣きながら私の所にやってきました．

　認知症は難しい病気です．考え方の違いがあっても，あえてそれを障壁と考えずに，そこにかかわる人が意見を交わしながら，その人の尊厳や人権を守ることが大切です．

居（見え）なくなってしまうのは寂しいです…

口腔ケアが認知症予防に

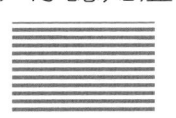

　前述したとおり，私は現在，認知症が専門の精神科医ですが，その前は，父と同じ歯科医でした．しかし，その当時からいまの仕事につながる「摂食・嚥下（えんげ）」に関心をもっていました．ものを食べる摂食行為と，それに続く飲み込み（嚥下）について関心があり，「寝たきりの人や認知症などのために歯科医院にこられない人の所へ，こちらから訪問して診療できないかな」と考えていたのです．

　本項では，歯の咬（か）み合わせや口の中の状態を清潔に保つことが，いかに認知症の人の健康を守ることに大切なのかを記したいと思います．

　35 年前，現在のようにスーツケース程度の大きさの訪問歯科診療の機材はまだなく，もし，そのようなことをする場合は，大きなトラックの荷台に歯科診療台を積み込んで診療するしかないと考えられていました．

　普段は私がやろうとすることに多くは口出ししない父（歯科医）が，「それはちょっとむちゃなことかも…」といっていたことを思い出します．父自身が足踏み式のドリル（歯を削るエアタービンではなく，何と脚でこぐドリル！）をもって，かつて訪問診療をしていましたが，その父が困るほど当時の訪問診療は採算性がなかったのでしょう．

　その結果，私は歯科医として医学部に入学して認知症の専門医になることになるのですから，未来はわからないものですね．

（1）歯科と関係する他の領域

　歯科領域で大切なことは, 上下の歯の咬み合わせ（咬合：こうごう）, ケアにおける誤嚥（ごえん）の問題, そして慢性歯周疾患（歯茎の腫れやうみなど）によって, 口以外の体の部分に炎症や不都合が起きることなど, 多くのことが私たちの健康を左右します.

　「歯科といえば歯を削って痛みを止めて…」と思うのが一般的ですが, 全身の健康状態や, 心理的な原因から口の領域に変化が起きる「歯科心身医学」まで, 実に幅広く人の心身に影響を出します.

　そのことを改めて知ったのは, 実は私が歯科医となり精神医学を学んでいまのように認知症の専門医になった後でした. 認知症にとって, これほど歯科, 口腔（こうくう：口の領域のこと）関係が影響するのかと改めて驚きました.

　いまでは地域包括ケアの要として歯科医師が欠かせない存在になっており, 私自身も一度は遠ざかった歯科医の世界と, いまの専門領域で協力することができ, とてもうれしく思っています.

（2）咬み合わせ（咬合）のこと

　私は認知症専門の精神科医としてはいくつか論文を書いてきましたが, 歯科医師としては業績がありません. しかし, 診療所のデータには結構, 咬み合わせが悪くなった人の認知症が悪化する経過が記録されていますので, そのカルテからいくつか例を挙げてみましょう.

　上下の歯の咬み合わせが 10 本までの人（50 人）と, 20 本までの人（50 人）の認知症との関係について時間の経過とともに追いました.

　厳密な意味での科学データとまではいきませんが, 結果として上下の歯の咬み合わせが残っているほうが, 少ない人と比べて認知症の進行が遅くなるという結果が出ました. もちろん, 自分の歯がそろって

いて咬み合わせができることが理想ですが，たとえ自分の歯でなくとも，入れ歯（義歯）やブリッジ，インプラントなど，咬み合わせを回復することで，効果が出るという印象を私はもっています．

　このようなことがわかると，歯科は非常に大切なリハビリテーションのポイントであることが再認識できるでしょう．ときに介護の世界では入居している人の義歯（入れ歯）が合わないから，「もう，意味がないから食事のときにはいつも入れ歯を外して食べてもらっています」という意見を介護職から聞くことがあります．合わない義歯を無理につけるのは本人にもよくないことです．できれば在宅療養支援歯科診療所という訪問診療をしてくれる歯科医に相談して，できる限り義歯による咬み合わせの回復（入れ歯にすることで咬み合わせができるようになること）を目指す努力も求められます．

口腔ケアが命を救う

　ものをのみ込むときに間違って気管のほうに吸い込んでしまい, そ
れから発生する肺炎のことを「誤嚥性（ごえんせい）肺炎」といいま
すが, この肺炎こそ認知症の人が終末期に亡くなる原因の大きな要因
になっています. 口腔（こうくう）ケアを通して誤嚥性肺炎が起きな
いようにすることが, 実は重症化した認知症の人の命を左右するほど
大切なことなのです.

（1）飲み込みのこと

人が目の前の食べ物をみると, 脳が反応して食物を口に運び, 咬（か
み）砕いて飲み込むことで, 栄養分を摂取します. その一連のプロセ
スがスムーズに行えなくなると誤嚥が増えてきます.

　図 1 に示すように認知症の介護が始まってからの年月が増すごと
に, 誤嚥性肺炎になる可能性は上がっていきます. この数値は決して
この割合で必ず誤嚥性肺炎になるというデータではなく, 私の診療所
のカルテに残る記録から, 認知症ケアが 15 年経過すると, ほぼ 9 割
の人に誤嚥性肺炎の可能性が出てくることを指しています.

　実際の経過では, このような可能性を考えて, 歯科医師や歯科衛生
士のもと, 食べかすが残らないように歯ブラシなどでこまめに清掃し
たり, 咀嚼（そしゃく）をできる限りするようにして口の筋肉を衰え
ないようにしたりする口腔（こうくう）ケアをすれば, 実際に誤嚥性

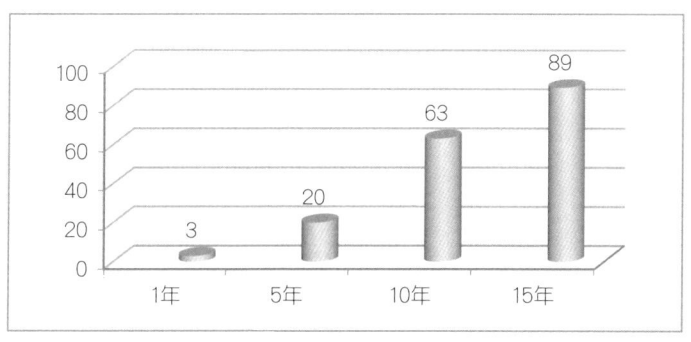

図1　認知症ケアの経過と誤嚥性肺炎の可能性（％）

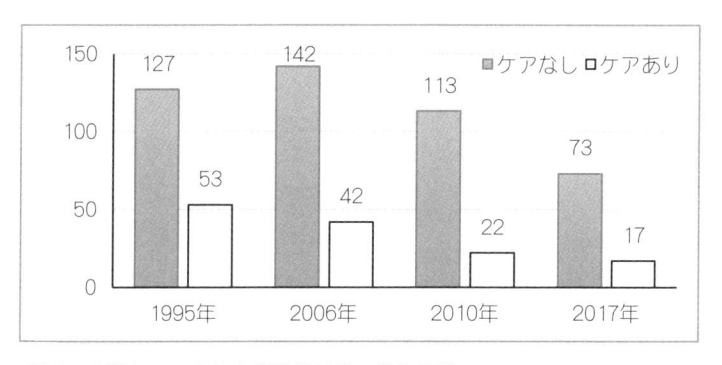

図2　口腔ケアの有無と誤嚥性肺炎の発生回数

肺炎を起こす人は 10％程度にとどまります.

（2）口腔ケアの有無が命にかかわる

　また図2に示したように，口腔ケアを「するか，しないか」の差で誤嚥性肺炎の発生は明らかに減らすことが期待できます. 私の診療所の患者から，ケアをした人と，しなかった人の各 100 人を比較した結果，このような傾向がありました.

　その際に注意すべきことが，「誤嚥は食事のときだけではない」と

いう認識をもつことです．私の経験でも誤嚥性肺炎でもっとも気をつけなければならないのは，食事のときと並んで食事以外の時間に，いつの間にか気管に垂れ込んでいく唾液（だえき）に，口の中にいつもある雑菌が混ざっていることから引き起こされる誤嚥性肺炎なのです．それゆえ食事の後だけではなく，一定の間隔で口腔ケアをすることで誤嚥性肺炎の発生は減らすことができます．

　普段から介護施設の看護師や介護職から「口腔ケアは歯科医師や歯科衛生士のように完璧にできず，私たちはその方面のプロではないから，やっても無駄なのでしょうか」と聞かれることがあります．決してそのようなことはありません．歯科医師や歯科衛生士ができればそれに越したことはありませんが，先のデータは介護職や家族がやっても口腔ケアには誤嚥性肺炎を防ぐ効果があることを示しています．口腔ケアの最大の目的は歯の1本1本を磨き上げることよりも，口の中の雑菌のコントロールにあります．あきらめずに取り組んでいくことが認知症の人の予後（その先の病状）を左右する，大きなテーマなのです．

（3）口腔領域の心身症のこと

　心身症による歯科領域の問題については，何も認知症に限ったことではなく，本来ならこの項目だけで独立した書籍を書かなければならないほどですが，認知症の人の場合にも，初期にこういった症状が目立つことがあります．

　心身症は本人が気づいていないのに，こころのストレスを原因として体が変化してしまうことを言います．たとえば高血圧の原因が，本人も気づかないところで受けている過剰なストレスである場合などを指します．

　「え，認知症はものわすれの病気だから，そんなストレスなど感じないんじゃないの？」という人は，読者にはおられないでしょう．でも，

地域の人の中にはまだ，理解が進んでいない人も多くいます．そんな時，認知症のことを自分で気づき，思い悩む人や，心身症が初期段階で目立つ人もいることを，ぜひ，伝えてあげてください．

　いくら歯科で検査しても悪いところが見つからないのにもかかわらず，その人が訴える歯茎の痛みなど，訴えてくるいろいろな症状があります．これらを早く見つけて歯科，口腔外科，耳鼻科の病気がないことを確かめ，それらの科目の病気を除外した上で，歯科心身症を早く見つけることが大切です．このような症状はまた，認知症の初期に起きやすいことも知っておきましょう．

　歯科領域の心身症が出やすい期間が何年かあって，その後，認知症に移行していく人も少なくありません．

　口の領域からいろいろなことがわかり，病気に対する早い段階からの対応ができるようになるものです．

あえぐ若年性認知症患者

　これまで，認知症の人本人のこころの変化を知ること，家族のこころに寄り添うことがいかに大切であるかを記してきましたが，本項ではここ 20 年ほどの間，私が力を入れて取り組んできた若年性認知症の人のこころの話を記したいと思います.

　これまでに書いてきたように，認知症のなかもっとも数が多いのはアルツハイマー型認知症（アルツハイマー病）で，全体の 60〜70％を占めるといわれていますが，若年性認知症（65 歳未満で発症する認知症）では，血管性認知症の割合が高くなります.

　若くして認知症になるということは，単に病気と向き合うだけでなく，自分の仕事や収入が不安定になることと向き合うことになります．言い換えれば社会的存在として，その人が向き合うさまざまな「大変さ」があります.

　私も 2008 年ごろから，認知症の人同士が知り合い，お互いの経験を共有し合う「認知症本人ネットワーク支援委員会」の委員長として，認知症の人同士が支え合うことや，できる限り就労を続けることなどについて考えてきたつもりです．しかし，当初，世の中はそれほど認知症の人に優しくはありませんでした.

　いまでは企業の理解も進み，認知症の人が職場にいることを認めてくれる会社も増えてきましたが，2004 年，初めて日本で国際アルツハイマー病協会の国際会議が開かれた当時では，まだ，若年性認知症

を隠しながら仕事に就かなければならない人がたくさんいました．これはそのような時代に出会った人との話です．

（1）川上順也さんのこと（38歳，男性，若年性アルツハイマー型認知症）

彼がひとりで私の診療室に入ってきたときの様子を，私は一生忘れられません．彼は口を開いた途端，「ここは精神科ですね．先生は人の秘密を他言したりしませんよね」と切り出してきました．少々驚きながらも「はい，患者さんの守秘には気をつけています」といった途端，彼は一気に話し始めました．

「僕の家族は祖母だけです．兄弟はなく，両親は私が幼いころ事故で亡くなったため，祖母に育ててもらいました．ここ数年は祖母をひとりにはできなかったこともあり，結婚の機会を失ってしまいました．」

「ところが身の上をわかってくれる女性ができて，いざ，結婚に向かって彼女や祖母とともに住む所を探していたときに，大変なことが起きてしまいました．僕と彼女が住もうと考えていたマンションを下見に行ったらしいのですが，僕自身がそのことを忘れてしまい，彼女に指摘されてあわてました」

「祖母も不動産屋さんや彼女からそのことを聞いて不安だったのでしょう．僕も『気をつけよう』と努力しましたが，その後も，同じようにまったく記憶から抜け落ちてしまう出来事が何度もありました．このことが会社にわかれば，すぐに営業職を外されて自宅待機になってしまいます．どうか会社には内緒で診察してください．」

詳しく検査した結果，彼は若年性アルツハイマー型認知症でした．これは将来の生活や結婚にも大きく影響します．川上さんの場合にはケアを受けることになるのが彼自身であり，そして今後，病状が進行すればケアする側になるのが高齢の祖母です．

つらいことは重なりました．彼女も希望がもてなかったのでしょう．

覚悟を決めて彼が病名を伝えた数か月後に彼女は去っていきました．
　当時は社会も若年性認知症に対する理解がありませんでした．通院しながら勤務するうちに，営業の失敗を繰り返した彼に対して，人事部長は「うつ病」だと思ったようです．何度か川上さんは呼び出されて，それとなく退職を促されました．そのことを私の前で泣きながら訴える川上さんに対して，当時の私は耳を傾けるしかありませんでした．

（2）突きつけられた川上さんの願い

　「病気を理解できない地域の人から『お孫さんがおかしい』と祖母が聞いてきました．たった２人の家族です．祖母が他界すれば，僕はひとりで病気と向き合うことができません．松本先生，僕は彼女には見捨てられました．会社からも見放されようとしています．先生が医者として僕を見放したら，僕は人生で３回も見捨てられることになります．この先も担当医として付き合ってくれますか．」
　彼の苦悩の言葉がいまでも耳に残っています．多くの若年性認知症の人は，病気と向き合うだけでなく，社会的立場，経済的な課題，そして本人の誇りを取り戻したい願いを胸に，日々をすごしています．そのような若年性認知症の人に対して「なにもできなくなった人」というような誤解をもつことはやめてください．
　もの忘れや判断力は低下しても，「それでも前に向かって生きよう」とする気持ちを抱き，周囲の家族，友人のことを思い続ける人もたくさんいます．病気となったゆえに，より研ぎ澄まされる感性をもった人もたくさんいます．
　病気の人と考える前に，対等な相手と考えたうえで，その人になにか「不都合」なことや「やりにくさ」があれば，皆さんの力をどうか貸してあげてください．

若年性認知症の患者さんの生きる支え

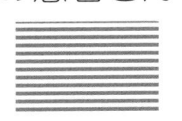

　前項で，若年性アルツハイマー型認知症（アルツハイマー病）と診断された川上順也さん（38 歳）のことを紹介しました．病気のために，彼女とも別れ，「行動がおかしい」と地域や職場からも見放されそうになっていました．そのうえ，幼いころに事故で両親を亡くした後，自分を育ててくれた祖母の介護の心配もしていました．絶望の淵に立たされていた彼の話には後日談があります．

　彼はそれから 8 年間，祖母に介護されながら在宅ケアを続けました．そして現在はグループホームに入居しています．結局，本人が自分から病名を告げると，会社も理解を示しはじめ，人事部長も私の診療所に彼と同伴してくるようになりました．営業の仕事も別の人とペアを組んで続けるように配慮してくれたのです．しかし，結局，同僚からクレームが出るようになり，その後は会社の倉庫管理業務に就きました．

　彼の自尊感情は傷ついたことだろうと思います．しかし，その後 4 年間，彼は与えられた仕事を成し遂げ，努力を続けました．

（1）ひとり身になって

　たったひとりの家族である祖母は，8 年間，彼の介護を続けた後に，ひっそりと自らの人生を閉じました．存命中，懸命にケアを続ける彼女が泣きながら私に訴えたのは，いつも「孫の無念さ」でした．決し

て自分が老後に孫のケアをしなければならなくなったことを嘆くのではなく，孫が自分の人生を生き切ることができなかった無念さを私に訴え続けました．

　そんなある日，川上さんと祖母が共に来院して，これから先のケアの在り方をケアマネジャーとともに考える機会がありました．

　祖母はその席上で感情が抑えられなくなったのでしょう．自分が不十分なケアしかしてやれないこと，自分の命に限りがあると（以前からもっている大腸がんの腫瘍マーカーの値が上がってきたことなど）などを泣きながら話し，「孫のことを不憫（ふびん）に思う」といいました．

　川上さんは毅然とした態度でこういいました．「この病気になっていろいろなところから見放されそうになったけれど，祖母はいつも自分を見捨てず，天を恨まず，自分の役割を続けてくれました．本当ならたったひとりの家族である僕が祖母の余生を幸せにすごさせたいと願っていたのに，かえってケアをさせることになりました．でも，自分がいまでも『生きている』と実感できるのは祖母の愛情があったからです」と．

　祖母も「人生の最後の数年は，孫の介護という難しい難題を突きつけられたけれど，私はこの役割を演じ切るために，こうして生かされているのだと思います」と打ち明けました．

　その後，私たちは治療よりも川上さんがひとりになってからなにができるかを考えました．祖母が亡くなり，在宅でのひとり暮らしは無理になったため，ケアマネジャーとも相談して，彼が自尊感情を傷つけられないように配慮しながら入居できる所を探しました．

　福祉面と並んで法律面も課題となりましたが，何とか周囲の協力を得て，川上さんは両親が残したある程度の遺産を生かしてグループホームで日々を送っています．しかし，彼はケアを受けるだけの人では

ありません. 自分にできることは進んで行い, 彼の明るさは他の入居者や介護職に希望を与えてくれています.

「不足しているところは補ってもらい, 自分が提供できるところは人のためにやるんです」と彼はいつもいいます.

私の役割は, 彼がこの先もその朗らかさを失わず, みんなを照らし続けることができるように, 医療者としてかかわり続けることだと思います.

（２）社会の偏見と無理解を超えて

若年性認知症の人を 25 年担当してきて, 私は社会がもっとこのような病気に対する知識をもってくれれば, 偏見はなくなるということを実感してきました.

たとえば, アルツハイマー型認知症や, 前頭側頭型認知症が若年期に発症した人などの場合, 病名の正確な診断がつくまでに時間がかかります. うつ病や精神疾患などと間違われるのは仕方がないかもしれませんが, なかには「怠けている」という批判や「変わった人だ」などと誤解されて, その人の人格まで否定的にみられることも少なくありません. 川上さんの彼女や職場の上司も, もっと理解を深めるチャンスがあれば, 川上さんを見放すようなことにはならなかったかもしれません. 正しい情報を 1 人ひとりがもつことこそ, その人や家族が偏見や差別を受けないための力となるのです.

認知症の最終段階はゆっくりと訪れる

　もう25年近く前のことですが，内科医であった母とともに地域で在宅医療による認知症の人のみとりをしていました．現在のような在宅療養支援診療所が訪問診療をする制度ができる前で，当時は往診をする医療機関が少なかったこともあり，私たちはできる限り「家で最期を迎えたい」と希望する人の人生の最終段階を，たとえ何年かかっても見届けることにしました．診療所のカルテにはこれまで在宅で臨終まで診療を続けた279人の記録が残っています．1つひとつが，人生の終末期でもあり，総仕上げでもあります．

　いまは，がんなどで医療的に余命が少なくなった人が，安らかに苦痛なく人生を全うするための終末期医療や，がんの痛みなどから解放する緩和ケアという言葉が使われますが，当時は終着駅を意味するターミナルケアという用語が使われていました．

　しかしよく考えてみると認知症の場合は，がんの終末期医療などとは異なります．何年もその人の人生の最終段階の総仕上げのような時間を，たとえそれが10年かかっても見続けるわけです．

　短期間の終末期医療ではなく，人生を共に歩きながらその人の病気とも付き合っていくのだと感じたのは，在宅での見送りを始めてから10年ほど経ったころだったと思います．限られた期間に集中的な「みとり」をするのではなく，ゆっくりとした時間が大切に感じられるようになりました．

　認知症の人のなかには，中核症状としては重度であっても誤嚥性（ごえんせい）肺炎やけいれん発作が出ることなく，長い年月を安定してすごす人も多く，必ずしも一般的な医療のように重度＝終末期にはならないのです．

（1）ある女性の意思

　昨年2月にインフルエンザから肺炎になり見送った松川いとさんという女性（96歳）も70歳のときに血管性認知症の診断を受け，大学病院から私が託されて20年以上の間，通院してこられる彼女を担当しました．インフルエンザで急激に体調を崩すまで，人生の最終段階をゆっくりと生き抜いた人でした．

　彼女はこの世代の人としてはきわめて進んだ考えの持ち主で，私が担当させていただいた1992年には自らの意思をもって次のように意思表示しました．

　「この医療は受けたいが，たとえ入院してもこの程度までの治療にしてほしい」と，いまでいうインフォームド・コンセントに基づくリビングウィルの書面を自作して私に渡してこられました．

　いまでこそ当たり前になったリビングウィル（いざというときに受ける医療や処置をどこまで希望するかの意思表示）ですが，当時はこういったものをみせたとたんに病院管理医師から「うちではなにもすることがないから，退院してほしい」といわれることも珍しくありませんでした．

　認知症という病気は誤解されることが多く，一度，その病名がついただけで「なに記憶できない」と過剰に理解されることや，自分の意思があっても「なにひとつわかっていない」などと判断力がまったくないように誤解されるとも少なくありません．

　最近では，とくに自動車の事故が増えていることもあり，認知症の人が高速道路を逆走したという報道などを新聞で目にすると，自分の意

思ではなにも考えることができない人であると誤解され勝ちですが，そうではない人もたくさんいて，病気の幅が広いことに驚かされます．

たとえば，認知症の人には軽い意識障害を伴う「せん妄」の状態が合併している人もいますが，意識のレベル変化がない限りは，一般の人が考えるほど，「ぼんやり」として行動する人ばかりではありません．いま自分の走っているところが突然わからなくなり，どうしようと思う余りに混乱している人は実は多いのです．

松川さんは夫を見送ったときの後悔から，自分の場合は「いくつかのことを拒否する」と常にいっていました．夫も何度かせん妄が起きて行方不明になったことがあり，周囲の人々に迷惑をかけたことを後悔していたからでした．

- 私，延命治療は受けません．「胃ろう」や中心静脈栄養，人工呼吸器は拒否します．
- 医療の力で「生き延びさせられてしまう」のは嫌です．
- 娘にも家族にも私の意見を聞いてほしいと思います．決して私には考える力がないと決めつけて家族が勝手に決めないでください．

非常にしっかりとした意見をもっていました．私もその意見を尊重するように心がけましたが，その一方で，彼女の認知症のレベルによって，本当に判断力が低下したときには娘さんと連携することも伝えて体制を組みました．

（2）医学や家族の判断

本人の意思がどうであっても，医学的なメリットやデメリットがあり，医療として最善とは限らない場合もあります．また，ずっと付き添うことになるご家族の思いなどもかかわってきます．

皆さんは知っていますか？　「胃ろう」とは口からものが食べられなくなった場合に，おなかに穴を開けて胃に直接栄養剤を入れること

です．口から食べる食事に代わる栄養補給ができます．

「胃ろう」については多くの意見がありました．25 年ほど前までは医療側もいまほどは熟慮せずに「胃ろう」にしていたかもしれません．私は歯科医でもありますので，「できれば口から食べられること」を大切にしてきました．

しかも「胃ろう」を作ったとしても，栄養剤の逆流には注意しなければなりません．口腔（こうくう）ケアも怠れば，口からものを食べない分，口の中の雑菌が増えることにも注意が必要です．

中心静脈栄養は点滴の一種ですが，栄養分の多い高濃度の液を首や足の付け根から直接入れる方法です．点滴でイメージされる腕の内側に入れられないのは，液が高濃度であるためです．

これも私の経験では何年もこれだけで栄養を保つことができた人もいますが，それだけ効果がある反面，食べる機会がなくなるなど生活の質自体は低下することについては，本人や家族の理解と同意（インフォームド・コンセント）が必要です．

人工呼吸器は機械によって呼吸ができなくなった人の肺に空気を送り込み，命が保たれますが，これも一度装置をつけると，たとえ自分の意識が伴わなくても長期間，命だけは保つことができるため，装置をつけるか否かは本人もしくは家族の同意を得る必要があります．

医師は人の命を守るために訓練を受けて現場に立ちます．私たちの時代には「目の前にある命を守ること」を最優先課題として習いました．しかし，認知症で本人の意見が聞けないときには，判断が難しくなります．

状況によって「No！」といわれても必要な医療を行った時代もありましたが，患者さんの意思を尊重しながら自分の判断も伝える努力を常に行ってきました．それが，医療や介護を受ける人の気持ちに沿った対応をすることであり，人権を守ることになるからです．

認知症の終末期に代弁しなければ
ならない苦悩

　家族は終末期を迎える認知症の人のことをだれよりも理解しているだけでなく，その人を思う存在です．しかしそのような立場だからこそ，いざというときに，どのように認知症の人とかかわってよいのかわからずに苦悶（くもん）していることも多いのです．

（1）家族ゆえの苦労

　「家族なのだから，わかっていて当たり前」などといわれると，判断に迷うことがあります．とくに人生の最終段階ではそうです．家族の代弁によって，その人の人生が左右される決断もありますから，家族にかかる精神的負担は大変なものになります．

　その人が認知症によって人生の最終段階を「どのようにしたいのか」，言葉に表すことができなくなると，周囲の医療，介護関係者はこのようにいいます．「家族の意見は（意思表示できない）本人の代弁です．ご家族としてどのようにしたいか判断してください」と．

　医療者はその答えによって代弁者である家族の意見を尊重した気持ちになれます．しかし，そのような決断を迫られた家族の気持ちはどうでしょうか．

　家族のだれかを介護の末に見送った遺族には，ある独特な感情が残っていることがあります．それは「つきることのない後悔」です．周囲の人は十分な介護をしつくして，どこに出しても恥ずかしくないよ

うな介護と評価できるほどの遺族であるにもかかわらず、「自分のかかわりはあれでよかったのか。あの判断でよかったのか」、常に自問自答していることが多いのです。

　たとえば誤嚥性（ごえんせい）肺炎が起きて入院したときに病院から「今後、どこまで治療行為（点滴や人工呼吸器など）を続けるか」について決断を迫られた家族は、深く悩み苦しみながら答えを出します。しかし、必ずしもその決断がよい方向に向くとは限りません。その結果のために自分を責めるかもしれません。

　これまでも本人を見送った後に家族とお会いすると、ほとんどの家族が私に聞いてきました。「先生、あのときの私たち家族の決断は、本人にとって本当に正しい判断だったのでしょうか。私たちは本人の気持ちをないがしろにして、家族の要望を優先してしまったんじゃないでしょうか」と。

　私にもわかりません。臨床医として診療時間にしかお会いしなかったその人が、本当はどのように思っていたのか、知る術はありません。しかし、長い年月を認知症の人やそのご家族とすごしていると、みえてくるものがあります。家族同士では改めて口にすることはないけれど、本人も家族もこの道を選ぶと思われる決意や決断が、ときには予見できることがあります。それがみえたとき、私は躊躇なく家族に対し、（ご本人を推し量った意見として）代弁するようにしています。

　「ご本人もこの道を選んだと思います」と。

　この人たちにとってもっともよい選択肢は何だろうか」常に考えながら代弁することが臨床医としての私の役目だと考えるからです。

（2）「本人か，家族か」を超えて

　長く認知症の人と家族とともに人生を送っていると、よく現場で聞かれる「本人を取るか」それとも「家族の意見を重視するのか」とい

った葛藤が，私にはほとんどないことに気づきました．長くその人たちとすごしていると，自然に「本来，この人たちならこう決定するだろう」という家族全体の傾向が浮かんできます．

　たとえば，最終段階の決意のような深刻なことでなくても，日常のささいな意見の違いでもよくあることなのですが，散歩などを勧めたときの本人と家族の方向性の違いが出ることなどを例に考えてみましょう．

　当事者（患者さん）との付き合いが2年，3年と続き，その人を介護する家族とも年単位で付き合っていると，自然に彼らの考え方や自己決定の方向性が伝わってきます．外部からみているだけではわからないようなこと，たとえば散歩を拒否し，嫌がっている認知症の人の場合でも，本来はこの人はこのような決断をする人ではないのに，病気の影響で何事もおっくうになっているのだとわかることがあります．

　一方で介護家族も，本来なら本人の気持ちを尊重して安心な日々をすごさせてあげたいと願っているのに，あまりにも本人が頑固に散歩を拒絶すると，「いままでみたこともないようなその人の姿に」がく然とし，普段なら思わないような，意地を張った家族としての意見が出てしまうこともあります．

　そのようなとき，決して医師が勝手に判断するのではないように注意しながら，家族全体の方向性を後押しすることも大切です．

　現場で本人の「嫌だ」という言葉を聞くだけで，「その人の意見だから仕方がない」と介護保険のサービスを諦めてしまうことがあります．しかし，たとえ本人が NO といっても，「本来のその人ならどうだろうか」と考えられるつき合いをしていれば，見かけの「NO」に左右されずに判断することができます．認知症の場合は，とくに BPSD といわれる行動・心理面での混乱があるために，本人と家族か対立する場面がみられますが，本当にその人や家族を知っていれば，見かけに左右されることなく，しっかりと判断することができます．

認知症の人を看取った家族のパニック障害

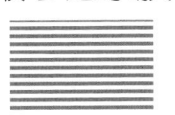

　認知症では，ケアや医療は初めの段階から積極的にかかわることが大切であると訴えてきました．そして前項では人生の最終段階を迎えた認知症の人が人生をどのように終えるかを，家族の苦悩とともに記してきました．しかし，そこで話が完結するのではありません．

　実をいうと現状ではあまり大きくとらえられることがないのですが，認知症ケアはその人を見送った後，家族に対する「遺族ケア」が達成されてはじめて介護は成し遂げられたと考えなければならないからです．

（1）認知症の家族のみとりを終えた後の家族のこころ

　血管性認知症とアルツハイマー型認知症が混合した高山優子さん（女性）の介護は83歳のときからで，11年に及びました．海外の大学教授だった長男は，家族とともに国外で生活を送っていました．

　優子さんは，長男から「いっしょに住もう」との申し出を受けましたが，「住み慣れた所がよい」と断わり，しばらく長女の家で生活しました．しかし，血管性認知症の影響のためか，ときに激烈に感情があふれて怒ることがあり，長女が介護疲れで入院してしまいました．そのため次男の高山博さん（51歳）が引き取り，そこから11年の在宅介護が始まりました．

　すぐに怒ったり泣いたり感情が不安定なことや，昼夜逆転，こだわりの強さ，それも尋常なものではなく，言い出すとなにがあっても周

囲のいうことを聞かないような生活が続き，次男の妻，隆子さん（49歳）もふらつきや食欲が低下する食思不振を繰り返して，入退院をせざるを得ない状況になってしまいました．

それでも次男の家族（息子と娘も）は両親に協力して，日々の買い出しの手伝いをし，ケアマネジャーをはじめとする介護保険のサービス担当者も，ときに会議で意見を集約しながらサポートし続けました．

高山さんをめぐる家族の真摯な介護と，優子さん自身の症状の難しさをみんなが理解していたため，「よく介護している」との評価は絶えることがありませんでした．

そして11年目の春，隆子さんが見守るなか，優子さんは新たな脳梗塞のために息を引き取りました．いつも訪問診療してくれた在宅療養支援診療所の内科医も次男夫婦のことを評価していました．それだけ熱心に介護をつくしたのです．

ところが介護を終えてから2か月後，隆子さんにパニック障害が起きました．この病気は心臓がどきどきして「いまにも死にそうな」恐怖感に襲われる症状があるのに，心臓の検査をしてもなにひとつ異常が発見されないというものです．1か月に4回以上の発作に見舞われた隆子さんは不安でいっぱいでした．

博さんも母親の介護をし終えて，やっと「やれやれ」と思ったときに妻が体調を崩し，どのように対処してよいかわからなくなりました．

パニック障害は，必ずしもすべてがこのように起きるものではないのですが，一部にはこれまで受け続けてきた強いストレスから，急激に解放されたことで「リラックス開放性発作」として出ることがあります．しかも，発作が激しく続く急性期をすぎると，発作そのものは出ないけれど，不安や気分の沈みが長く続く状態になる人がいます．隆子さんの場合もそのような経過だったのではないでしょうか．

聞くだけでも胸が詰まりそうになる話ですが，このようなことはよ

家族が介護で後悔したこと (125例)

自分の至らなさ 82

医療機関を間違えた 32

その他 11

あの時○○していれば…

どうして××しなかったんだろう…

もっと△△できたかも

　くあります．私の私生活でも妻の母親の介護を 27 年続け，その介護が終わったときには，今度は実の母親のがんの闘病と向き合い，それが終わった 2 年後には妻が介護を受けることになりました．家族の介護が次々に起きることや，同時に起きることは珍しくありません．同じような体験をしている読者も多いのではないでしょうか．

（2）さまざまな遺族の感情

　図に示したのは，私の診療所で看取った患者さんの家族に「介護し終えたいま，なにを後悔しましたか」と聞いたときの答えです．家族を看取った直後の非常にデリケートな時期に，ぶしつけな質問をすることが人権侵害にならないように，インフォームド・コンセント（説明を聞いたうえでの納得）が得られた 125 家族の答えに限定しています．

　もっとも少なかった 11 例（9%）の遺族の答えはバラバラでした．「介護家族の家から実家が遠かったのに自家用車をもっていなくて後悔した」という人もいれば，「もっとじっくりと話を聞いてやればよかった」と本人とのコミュニケーション不足を，見送った後になっ

て後悔した娘さんもいました．一方で「父が亡くなる前に生前贈与で財産を分けておかなかったことを後悔している」と述べた息子たちもあり，家族の後悔にも多様性がみられました．

次に多かったのは「先生には悪いけど，受診する医療機関を間違えたと後悔している」というものでした．担当した医者としてはショックです．しかし，医療機関や介護施設は，利用した人の家族にすれば「もっとよい所はなかったのか」と後になって後悔するのは，なかば「当たり前」と考えて，次に向かってよりよい医療者を目指したいと思います．

私は日ごろ受診した患者さんから「先生はひ弱な医者でよく休むし，僕の認知症を治すこともできないけど，まあ，それでも来続けますわ」と，帰っていくときに笑いながらいわれることがあります．その言葉は非難ではなくエールだと思います．自分に「もっと力があればいいのに」と思う毎日です．

もっとも多かった82例，65%の遺族の答えは何だったのでしょうか．それは，「介護者としての自分の至らなさ」を後悔する発言でした．異口同音に彼らは「自分の介護がだめだったのではないか」「自分は本当にしっかりと介護できただろうか」と自問し，後悔していました．私たちの側からすれば「何としっかり介護しているのだろう」と感心する介護者であっても，いざ，遺族になった際には自責の念にとらわれてしまいます．

先に紹介した隆子さんの場合もパニック発作こそ半年で治まりましたが，その後，彼女の気分の沈み，不安感は何年も続きました．

介護をしていた家族が介護を終えたとき，そこには大きな落とし穴が待っています．どうしても後悔の念が生じてしまうかもしれない，そう思ってしまうかもしれないことを知って介護するか，知らずに，ひたすら，がむしゃらに，一途な介護者であり続けるか，その差は，のちのちの遺族の心のもちように大きな影響を与えます．

遺族のこころを救うひと言

（1）介護を評価するひと言

　認知症の家族を見送った遺族には後悔の念が残ることが多く，その後悔が長く続かないようにするためには遺族ケアが欠かせません．本項では遺族へのことばのかけ方について考えてみます．

　前項でご紹介した認知症の義母を見送った遺族の高山隆子さん（現在62歳）に起きたパニック障害はある出来事をきっかけに落ち着くことになりました．それは義母の長女からのひと言でした．

　「あなたが弟の妻として母を最期まで見送ってくれたことに私はこころから感謝しています．母を引き取って介護していたときに私が体調を崩して入院してしまったから，あなたには『逃げ場』がなかったはず．それを一生懸命に介護者として全うしてくれたあなたは，私たち家族の誇りだわ．」

　気がつくと泣いている隆子さんがいました．かつて母親を引き取り，一生懸命に介護しようとして入院した長女の，あふれる思いと感謝が隆子さんを救いました．泣いて泣いて，彼女はこれまでの罪悪感が少し軽くなりました．その後も彼女の不安感は続きましたが，彼女が自分を責めることは少しずつ減っていきました．

　ここに大きなポイントがあると私は思います．介護をしつくしたようにみえても，介護を終えたときから家族は「自分たちの介護が正しかったのか」と，自問しながら日々を送ります．それゆえ介護家族が遺族に

なったそのときにこそ，早い段階で介護を評価することが大切です．

ただし，この評価にはいくつかの注意点があります．

①本当は前向きに評価していないのに，プラス評価しているような意図的なことはしない（遺族には取り繕った感じが丸見えです）．

②必ずしも介護や医療職が行わなくても，知り合いや地域の人（たとえば町内会の役員）が「よく介護されました」と評価してくれることも，大きな効果がある．もちろん守秘や人権には注意する．

③できれば親族が一堂に会したときに，第3者から主介護者がどれほど介護を成し遂げたかについて，声に出して評価する．

（2）つらさを口に出せれば

世間の常なのかもしれませんが，「本当にやった人」は案外言葉数が少ないものです．「なにもしなかった人」に限って，あれこれと後になって「もっとやれたのではないか」などとその場限りの言葉を数多く出して，本当の介護者であった遺族のこころを踏みにじることがあります．

それゆえ，遺族ケアは一連の葬儀などが落ち着く前に行いたいのですが，遺族にとっても見送った直後はなかなか時間が取れません．こちらが積極的に（しかしおせっかいにならない程度に）動くのがよいかもしれません．

当院のデータをみると遺族となった介護者のうち，ほぼ9割の家族が私の所にあいさつにきてくれます．もちろん，当院の外来診療と長年やってきた介護者は，一般的な介護者に比べて，彼ら自身の努力を成し遂げた人々です（私が介護家族に求めることも決して少なくないため）．

その際には必ず家族に会って前向きの評価をするように心がけています．この簡単なひと言，「よくやりましたね，私たちはあなたの努力をみていましたよ」という，たったそのひと言が，その後の遺族を苦しめる自責の念を軽くしてくれるものなのです．

認知症介護の末に裏切られる期待感

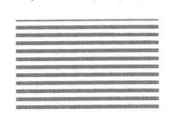

　いままでは遺族ケアなど，認知症を看取った家族のお話を中心に紹介しましたが，本項以降では少し視点を変えて，介護を支える人のことにも言及したいと思います.

　介護保険制度が始まったころのことは，いまでも忘れられない思い出です．それまでの「措置（福祉の観点から必要と見なされた場合に国のお金で支える）」というものの見方から，みんなで財源を出し合って保険の制度をつくり，そこから介護が必要な人に介護保険として費用を賄うという見方に変わりました．これは医療保険制度と並んで国の根幹をなす制度改革でした.

　それから19年がすぎ，いくつもの課題はありましたが，介護保険は今日まで介護の世界を支えてきました．当初は認知症に対する認識が低く，動けるけれど認知症のため見守りが大変な人の要介護度の評価が低く出すぎて，私たちも大慌てで修整することもありました．さまざまな思い出が詰まっている制度です．私事ながら1999年に受験準備をして第1回のケアマネジャー試験を受けたのもいまでは懐かしい思い出です.

　しかし一方で，ケアマネジャーやホームヘルパー，介護福祉士など介護の仕事に就く人たちの負担は大きく，せっかく苦労して資格を手にしたのに，その後の仕事の負担から辞めてしまう人が大勢いました．医師ながらケアマネジャーとして同じ時期に資格を取った人が介護の世界から辞めていくのを何度も目にしました.

（1）もの盗られ妄想

　介護の世界でも，とくに認知症を特別扱いするつもりはありません．しかし認知症という病気は，ものを忘れるだけでなく，ときにメンタル面の混乱が伴うという面から，介護家族だけではなく介護職に大きな負担をかけます．たとえば施設に入所した認知症の人をいつも支えてくれた身近な存在の介護福祉士に，病気のために「もの盗られ妄想」を向けてしまう人もいます．もの盗られ妄想については，既載の 14 項もご参照ください．

　家族でも介護職でも，もっとも長くその人と接している人に疑いの気持ちが向けられることがあります．わかっていても介護職はショックを受けるでしょう．だってその人はだれかの役に立つことを願った介護職なのですから，「感謝してもらえる自分」を目指していたはずです．

　アルツハイマー型認知症になって 3 年，鈴木正幸さん（男性，81歳）は妻とともに在宅でケアを受けています．妻が 60 代から腰を痛めて外出もままならない状態でしたが，これまでホームヘルパーの支援を受けながら 2 人は在宅療養を続けてきました．ケアマネジャーの理解もあって，このまま在宅での生活が続くと思っていたその年の夏に，事態は急変しました．

　ある日，介護の仕事 2 年目を迎えるホームヘルパーが鈴木さんを訪ねたところ，いつもは笑顔で迎えてくれる彼の表情が優れません．気にしたホームヘルパーが「鈴木さん，今日はご機嫌斜めですね」と笑いかけながらいったときのことでした．「あんた，僕の財布からお金を抜いているんじゃないか」と鈴木さんが大声をあげました．一瞬の出来事で，そのときには笑顔を繕って事なきを得ましたが，ホームヘルパーは事業所に戻って泣き崩れてしまいました．「あれほど親しくしていた鈴木さんが，まさか私に疑いの気持ちをもっていたなんて」と彼女は思いました．かかりつけ医も「これから被害感が出るかもし

れない」といっていました。しかし，彼女は「親子のような関係を続けてきた私に，疑いの気持ちを向けることはない」と自負していたのでした。

　彼女は決して努力が足りないホームヘルパーではありません。経験2年目ですが，これまでにもたくさんの利用者を支えてきました。認知症がある場合には被害感が出ることも教科書で知っています。「そんなことはわかっていたのに」，と彼女は思いつつ「まさか，鈴木さんに限っては私に疑いをかけることはない」と確信していただけにショックはこころに大きな傷を残しました。

　介護職や福祉，医療に携わる者はだれでも経験すると思いますが，自分にとって「とくに親しい」利用者，患者さんがいるものです。本当はだれにも平等であるべきですが，そこは生身の人間です。そのような人から疑いの気持ちを向けられることで，虚しさからふさぎ込んでしまいました。

（2）介護職の「巻き込まれ」

　彼女はダメなホームヘルパーでしょうか。とんでもない，むしろ利用者のことを考えて仕事をする熱心な介護職です。しかし，その情熱はときとして，介護職の立場以上に相手に感情が入り込む「巻き込まれすぎ」を起こし，認知症の人の被害感が，病気の影響かどうか見きわめる目が曇ってしまうことがあります。

　介護職が熱心で，人のことを思いやる性格であればあるほど，実は利用者に感情的な巻き込まれやすい状況を作ります。それを，あえて意識しながら仕事に取り組むことが大切です。言い換えれば，自分がどのような心理状態で，当事者である認知症の人や家族を支援しようとしているのか，常に自分の内面に向かう冷静な観察を忘れないようにしたいものです。

介護職が「善意の加害者」になるとき

　介護保険が始まってから 19 年，介護現場では 2000 年の介護保険が始まった当時では考えられないような人手不足が起きています．当初は無限の可能性やチャンスがあると信じて，多くの人が参入してきましたが，いまでは少し状況が異なります．

　介護保険が始まったときのイメージと，それから数年経ったときに社会が介護職に対してもつようになったイメージに差が出ました．以前は「介護職は仕事がきつい，収入が少ない」といった情報が出回り，ときには介護学生の親が「そんな仕事に就かないでほしい」と発言する姿をテレビの画面で目にしたことも覚えています．

　本当は，人の介護をするプロフェッショナルとして，働きに見合うだけの収入が確保できてなければならないと思います．収入が確保できてこそ，家庭ももつことができるし，次の世代を育てることもできます．介護保険が始まってから，介護労働環境や経済面で歯を食いしばりながら負担に耐え，それでも人のために自分の人生を捧げようとした多くのケアマネジャーや介護福祉士，ホームヘルパーを私は知っています．介護保険が破綻せずにいままで存続できたのは，ひとえに彼らのような努力の人がいてくれたためです．

　しかし，現在介護現場では慢性的な人手不足が続いています．先の理由で介護の仕事に就こうとする人が減ってきたこと，就いたとしても辞めていく人も多いこと，そして増え続けるデイサービス事業所，

グループホーム，サービス付き高齢者住宅などの影響を受けて，最近では地域によっては，特別養護老人ホームの部屋に空きがあるという，信じられないことが起こっていることもあります．その分，どうしてもフロアの職員の数が少なくなって「職員の取り合い」状態になったりしていると聞きます．

（1）「善意の加害者」になるとき

　開所して 2 年目を迎えるグループホームに入居してきた 92 歳のAさん（男性，アルツハイマー型認知症）は夜間にせん妄を起こします．せん妄とは意識が少し混濁した状態で，いわば目を開けていても頭の中は半分眠っているような状態です．午後 10 時ごろから彼の「せん妄」は激しくなり，グループホームの居室からリビングルームに出てきます．

　そのグループホームの 1 階のユニットの定員は 9 人です．介護福祉士の藤下直樹さんという男性（25 歳）が夜間当直をこなします．彼は現場の経験が 2 年目，ちょうどグループホームができたときに介護福祉士になって勤め始めました．18 歳で高校を卒業し，飲食店で修業を始めましたが，どうしても小さいころからの夢である「福祉や介護の仕事がしたい」との思いを捨て切れず，介護の専門学校に進みました．

　彼が当直の夜は，新しい入居者の 82 歳のBさん（女性，血管性認知症）がいて，まだグループホームに馴染めず，「私，家に帰らせてもらいます」と何度も玄関に行きます．その人も制しながら当直（ひとり当直体制）を続けていました．

　未明のことでした．これまでにも昼夜逆転をする 54 歳のCさん（男性，若年性アルツハイマー型認知症）がこの日に限って大声を上げはじめ，リビングルームに歩いて出てきました．藤下さんがCさんを抑

えて部屋に戻そうとしたときのことです．Ｂさんも「私，帰ります」といって部屋から出てきました．そしてあろうことかＡさんまでリビングにきてしまいました．

　少しパニック気味になった藤下さんは両手でＢさん，Ｃさんを押さえながら，「ごめんねＡさん，手が足りなくて」といいながら，つい突進してくるＡさんを，右足を上げて制しようとしました．転倒を防ぎたかったのです．しかし運悪く足をあげたときにバランスを崩しＡさんの股間に勢いよく当たってしまい，Ａさんは転倒して，大腿骨を骨折してしまいました．

　その後，Ａさんの家族から「虐待された」との告発があり，藤下さんはグループホームを辞めることになり，いまでも係争中です．

（2）介護職のストレス対応を

　介護の世界では虐待と疑われるような行為のことを「不適切行為」と呼びますが，そのなかには「このような行為は虐待・不適切行為ととられても仕方がない」と知っていれば防げたものも多くあります．しかし人手が少ないなかで充分に研修に割く時間はありません．藤下さんも意欲ある介護職だっただけに，彼が深く傷ついて介護の仕事を辞めてしまったことが残念で仕方ありません．

　私は彼が落ち込んでいたときに出会いました．現在では患者さんの数が増えて介護職のカウンセリングを行う時間がなく，担当することはなくなりましたが，10 年ほど前までは介護職や福祉職の「燃えつき」を防ぐためにカウンセリングを行っていました．研修ばかりに時間を割くのは限界があると思いますが，私は介護の事業所や病院など，対人援助を必要とする現場はどこも，職員のストレスコントロールを行う部署が必要だと考えています．

　ひとりでできるストレスコントロールには限界があります．プロと

して自分にかかっている過重なストレスに気づくことが大切である一方で, 組織として介護職を守るためのストレスコントロールが必要です.

介護職員の「燃えつき」回避へ

　認知症をケアする仕事に就く人たちは，自分のことも大切である一方で人のために人生をささげようとする善意の人々です．しかし時にはその「他者のために」という思いが自分を大切にすることに勝ってしまい，自分を苦しめていることがあります．本項では，本来なら介護してもらうべき人自身が，介護を受けることを拒んでしまう「セルフネグレクト」を担当したケアマネジャーの話を記したいと思います．

　ケアマネジャーになって4年目になる29歳の高梨瑞穂さん（女性）は社会福祉士の資格ももっています．人々の福祉のために勉強して，社会福祉とはなにかを学んだ後に，ケアマネジャーとなりました．そのケースワーク，ソーシャルワークの知識と，介護現場を支えたいという彼女の気持ちは，これまでに多くの人々を救ってきました．

　その高梨さんが，周囲の人々も困り果てているAさん（79歳，男性）の担当をすることになりました．4年前に妻が存命だったころ，妻の誘いで，Aさんは自分の介護保険の申請をして「要介護1」と認定されました．そのときに初期のアルツハイマー型認知症であることもわかりましたが，まだ軽い段階でしたので，とくに専門的なケアを受けることなく時間が経過しました．

　かかりつけ医の協力もあって，その後も「要介護1」と認定され続けましたが，Aさんは10か月ほど前から外部との関係をいっさい取らなくなってしまいました．深夜，ひとりで24時間開いている地元

のスーパーマーケットに出かけて，それなりの食物は買っているようでした．

　しかし，高梨さんがＡさんの家に行っても，地域包括支援センターの職員が訪問しても，対応する気配をみせません．高梨さんは困ってかかりつけ医に相談しましたが，「昨年秋に風邪をひいて一度きたきり，その後は受診もないので状況がわからない」と説明されました．

　認知症初期集中チームに相談して，何度かＡさんに接触しようと試みましたが，玄関先で追い返されるなど，拒否され続け，高梨さんは頭を抱えてしまいました．医療情報もなく福祉や介護もかかわることができない状況に陥りました．

（1）助けを求めて周囲を巻き込むのが最善の策

　このような経験をしたケアマネジャーや介護職は少なくないのではないでしょうか．このような場合に「自分がやらなくてどうする」「私しか彼のケアマネジャーはいない」と頑張り続けようとするところに大きな落とし穴があります．

　もちろん，志をもって他人の支援をしようと専門職になった人たちですから，早々とあきらめるようなことはないでしょう．しかし，時間の経過とともに「なにもしてあげられない」と自分を卑下するようなら，その次に待っているのは「燃えつき（バーンアウト）」です．

　Ａさんのような人はたくさんいます．周囲のみんなが「支援したい」と思っても，その人は，自分がケアを受けなければならない対象だと思うことはなく，「私はできているから大丈夫」と答えます．第24項にタワーマンションにこもってしまう老夫婦のことを記しましたが，Ａさんもそれと同じような認知症の独居者でした．

　Ａさんは高梨さんの支援の申し出に対しては，きっぱりと「必要ありません，自分でできています」と否定します．このようなとき，か

かわらせてもらえないなら「様子をみましょう」として，その後はな
にもかかわろうとしないケアマネジャーもいます．しかし，高梨さん
は周囲の介護職や福祉職に対して，「自分ひとりではできない．助け
てほしい」と協力を請う「力」をもっていました．周囲に頼ることが，
自分にとっても，相手にとっても，最善の道であるという知恵をもっ
ていたのです．

　かかりつけ医に対しても，「何か月も受診していない人のことはわ
からないかもしれないけれど，意見書を書いた先生として，私を助け
てほしい」と呼びかけ，かかりつけ医もできる限りの協力をしてくれ
ました．しかも，Ａさんの介護や福祉に関係する人たちを集めてサー
ビス担当者会議もしました．「担当者会議をしても無理だ」と考える
人も多いと思いますが，これこそケアマネジャーの「燃えつき」を防
ぐために必要なことなのです．

　お陰で高梨さんは，「自分だけがＡさんの様子をみていなくてよい」
という安心感に包まれました．関係者みんなで集まったからといって
問題がすぐに解消されるわけではないけれど，いっしょにＡさんのこ
とにかかわろうとしてくれる仲間がいると再認識できるだけで，大き
く支援のイメージが変わることがあります．

　「なにもできない」と挫折感を感じていた高梨さんは，周囲に支援
を求めるメッセージを出しました．その結果，みんなが負担を分け合
いながら彼の状況を見守ることができるようになりました．

　結果が出たのは数か月後でした．ある朝，見守り担当のホームヘル
パーさんが「どうせまたドアすら開けてもらえないのだろう」と思い
ながらＡさんの自宅を訪れたとき，チャイムを鳴らすや否や，ドアの
向こうから飛び出してくる彼がいました．「胸が苦しい，助けてくれ」
といいながら倒れ込むＡさん，ホームヘルパーは高梨さんに連絡し，
かかりつけ医にも情報が届きました．緊急入院での診断は急性心筋梗

塞でした.

　無事に一命を取りとめた彼は，これまでとは一転して療養型病院,
ケア施設への入所を希望しました. 見守ることは「いま，ここでの結
果」にはつながらなかったかもしれません. しかし，なにかがあった
場合の最善の策につながったのではないでしょうか. ケアマネジャー
や介護職, 地域包括支援センター，かかりつけ医のボランタリーな努
力がこの結果につながったのです.

39
不完全な介護に悩む介護職

　認知症の人を単独の支援職だけで支えることはできません．実際に生活を支える介護職，法律や制度の面から支える行政職，そして医療職や地域の人々が連携して支えることが大切です．もちろん，よいことばかりではありません．関係者の連携は，ときに意見の食い違いを生み，連携体制そのものが頓挫することも珍しくありません．しかし，そのようなプロ同士の関係こそが，介護職を支えてくれるのです．

　72歳のBさん（女性）は独り暮らしを続けていますが血管性認知症を患っています．血管性認知症の特徴として，主治医（かかりつけ医）の前では気丈に振る舞う場合があります．Aさんも長年通っている主治医の前では，はっきりと言葉を交わすことができます．

　そのため主治医は，「彼女がそれほど悪くない」と感じていました．これはなにもその医師が悪いわけではなく，私も診療時間の限られた対話だけではその人の状況がわからないことがあります．主治医の診療のように，少し緊張する相手との会話では，Bさんは無意識のうちに「しっかりしなければだめ」と自分を奮い立たせていたのでしょう．

　この状態は，デイサービスでも同様でした．診療の限られた時間と比較すると格段に長い時間をすごすデイサービスですが，要支援1のBさんは，介護予防として週1回の機能強化型デイサービスを半日利用しているだけでした．このようなリハビリ型のデイサービスで彼女は頑張り，スタッフも気づきにくかったのでしょう．

　ところが台風が近づいた秋のある日，突然，Ｂさんが自宅から行方不明になりました．Ｂさんが出かけたことを町内の人がみていましたが，夜になって豪雨でも自宅に帰ってこなかったのです．そのことを町内の民生委員から聞いた地域包括支援センターの主任ケアマネジャーの山本紀子さん（40歳代）は，時間帯や状況によって常に大きく変化し得る血管性認知症の特徴に改めて驚きました．

　その後，Ｂさんの遠く離れて住む妹や主治医，デイサービスの職員も交えて対策が話し合われましたが，Ｂさんの症状はそれほど心配するほどではないという人や，山本さんと同じようにある程度深刻に受け止めている人まで，彼女の病気についての理解がそれぞれまったく異なることがわかりました．会議で方針を探っても答えが見つからず，その場の雰囲気は悪くなるばかりでした．

　山本さんは困ってしまいました．地域包括ケアの概念の下，みんなが認知症を支えていきたいと考えているのに，その人の状態の把握内容がそれぞれ異なるとは思ってもみなかったからでした．

　さあ，困りました．山本さんが考えていた対応ができずに数か月が経過したころ，その知らせは突然にやってきました．Ｂさんが自宅近くの運河に転落して亡くなったのです．外出して行方知れずになっての事故だと聞きました．

　山本さんは自分を責めました．だれひとりとして彼女の判断を間違っていたとは思いません．しかし彼女は，Ｂさんが事故にあう危険性をもっと深刻に受け止められなかったかと後悔しました．「すぐには命にかかわるほどの危険性はないという，自分の判断が正しかったのか」と，悩んでふさぎ込んでしまいました．

　ところが，意外にも，そのような彼女を救ったのは，あのときの会議に出ていたかかりつけ医や，デイサービスの人々の言葉でした．彼らは山本さんに彼女がＢさんを唯一，どのような状態にあるか理解

していたことを評価して，口々にそのことを伝えてきました．

山本さんの気持ちが落ち着くまでに時間はかかるでしょうが，彼女は周囲のみんなの言葉で少しずつ自分を取りもどしていきました．

（1）お互いを支え合う，エンパワメントの会

かつて私は，介護職や福祉職を対象に「支え合いのエンパワメントの会」を展開したことがあります．いまは診療で精一杯なので実施できていませんが，そのときの経験から，お互いがエンパワー（力づける）することの大切さを学びました．山本さんのように自分を責めて気持ちが沈んだ人に「頑張れ，そのうち忘れるから」などと安易に声をかけるのはもっとも避けたいことです．いくらプロだからといっても山本さんのこころが傷ついたことは事実で，そのような人には，善くも悪くもプロの目線で評価され，変な誤解をされずに完全に守られていると感じる雰囲気のなかで支えられることが大切だからです．

エンパワメントの会もそのような集まりのひとつです．たとえば彼女のような主任ケアマネジャーや介護福祉士，さまざまな職種が何人か集い，決して相手の批判をすることなく，その人の評価できる点を語り合うミーティングを行うのが特徴です．

最初は照れくさいかもしれません．しかしその数人の会に参加しただれもが，相手の「この点が素晴らしい」と評価できるようになると，自分が相手のよい点を見いだすことの幸せを感じられるようになります．人のよさを見つける視点でものをとらえるようになると，結果として自分も支えられていると感じるようになります．決して最高の手段ではないかもしれませんが，このような集まりを行うことも，支援職がお互いを支え合う機会になると思います．普段から介護の職場でこのような見方をすることが大切なのかもしれません．

（2）不完全なあなたでもいたほうがまし

　私はかつて介護職のカウンセリングをしていたときに，自分の精神科医としての経験を話したことがあります．それは多くの認知症の人から「先生は私の病気をよくすることはできない．でも，あなたは私といっしょに歩んでくれるから，先生がいないよりはいたほうがましです」といわれた経験です．若年性認知症で側頭葉が変化する彼は，ときに私に容赦ない言葉を投げつけるのですが，彼は本心を語ってくれるので，本当に私のような不出来な医者でも，いないよりはいたほうがましだと思ってくれていることに感謝しました．そして，そのように思ってくれる人がいる限りは，自分が医者を続けてもよいのだと思うことができました．

　いま悩んでいる介護職の皆さんも，あなたがいない世界と，不完全ではあってもあなたがだれかのために役に立ちたいと願いながら存在する世界とでは大きな違いがあることに気づいてください．不完全ではない支援者などこの世に存在しません．だれもが皆，自分の行いが正しいのか違っているのか自信をもてないときがあります．しかし，そのようなときこそ思い出してください．あなたは微力であっても，あなたがいることで支援されるだれかがいます．泣きながら悩みながら，それでもあなたが力になりたいと願う気持ちが，あなたや支援職を救うのです．

拒み続ける本人や家族の気持ちとは

　介護保険が2000年4月に始まって，介護に対する社会の認識はずいぶん変わってきました．「介護は家の問題だから家族や親族で何とかしなければならない」といった旧来の制度の考え方を変え，家族（とくに女性）が担うべきものではなく社会全体が支え，みんなが支え合う仕組みを目指そうとしてからまもなく20年目を迎えます．しかしそういった制度を「利用できない人」がいることも事実で，現状ではいくつもの課題があります．そのような場合の対応について考えてみます．

（1）認知症の本人がデイサービスを拒絶

　アルツハイマー型の若年性認知症の浅田敏子さん（56歳）は夫の介護を受け1年半がすぎました．息子（28歳）は就職して家庭をもち，娘（26歳）は海外に留学しています．夫婦2人でマンションに住みながら日々を送っていました．

　かかりつけの内科医が乗り気でない敏子さんを説得し，やっとのことで介護認定を受けられましたが，敏子さんは一貫して「私は歳を取った人といっしょに介護保険など受ける立場ではない．元気なので病気扱いしないでほしい」と主張します．

　しかし，実情は敏子さんの主張とは異なります．なにひとつ自分ではできないにもかかわらず，自分でできているように感じているだけ

でした. ケアマネジャーは「せっかく介護認定で要介護1が出たのだから, 脳のリハビリや他人との交流をしましょう」と進めてくれますが, 敏子さんはまったく受け入れてくれません. 敏子さんの夫もかかりつけの内科医も困ってしまいました.

　介護保険の一般的な利用者とは異なり, 若い人がデイサービスを使おうとする場合に起こりがちなことです. 若年性認知症の人だけが集まるデイサービス, 軽度の人を対象にしたデイサービスがたくさんあればよいのですが, どの地域にもあるという状況ではありません. せっかく要介護認定を受けても本人の希望に沿わず, 生かせないのは残念です.

　しかし, 若年性デイサービスがあったとしても, 無理やりサービスにつなぐと, かえってよくないこともあり, 慎重な導入が大切です.

（2）妻のケアを拒み介護続ける

　一方, 本人がサービスを拒絶するのではなく, 介護家族がケアを拒否する場合も少なくありません. 虐待・不適切行為の視点から考えると, 自らがケアを受けることを拒む場合には「セルフネグレクト」という分類に入ってしまうのですが, 実態はそれほど簡単に割り切れるものではありません.

　血管性認知症の女性, 高浜紀子さん（68歳）の夫, 正さん（69歳）は貿易会社に勤務していたころ何度も単身で海外赴任を続けてきました. 退職した彼は妻の介護をすべてひとりでしようとします. そのことが気になった地域包括支援センターの主任ケアマネジャーが正さんに聞くと, 「人に頼んでやってもらうより, 自分でやったほうが早くでき, しっかりと妻のケアができる」といわれ, ケアマネジャーは面食らったそうです.

　いくらケアマネジャーが「ケアを家族だけが担うことなく, サービ

スを入れると介護家族も破綻することなくケアを続けられるから，ぜ
ひ介護保険を導入しましょう」と勧めても，正さんは「これは夫である
自分が担うべきことだ．ほかのだれかに任せるつもりはない」とい
って，ほぼすべてのケアをひとりでこなします．周囲の人たちはみな，
介護の燃えつきを心配して「無理しないでほしい」とアドバイスする
のですが，彼は能力があることに加えて，これまで商社マンとして自
ら困難を切り開いてきた自負があります．だれもがなにもいえない状
況になってしまいました．

（3）介護職がかかわれない

　ここに挙げた2つの例はそれぞれ「本人が拒絶する場合」と「介護
家族が周囲の人の援助を拒む」場合の，一見すると正反対の「拒否」
ですが，支援を拒みセルフネグレクトの形になる可能性が高いため，
地域の課題として考えなければなりません．

　本人が拒否する前者の場合には，できる限りその人の自尊感情を尊
重し，参加したときにやりがいを感じてくれるようなサービスを根気
よく見つけることが大切です．地域差もありだれもが利用できません
が，それでも最近では対象者のニーズに合わせてメニューを絞り込ん
だ形のデイサービスや，リハビリ機能強化型のデイサービス，若年性
認知症の当事者が自ら話し合い，その日の目的を行うデイサービスな
ど，多様な形のものが出てくるようになりました．何度でもあきらめ
ずにトライすることがポイントです．

　介護家族が拒否する後者ですが，正さんの姿をみていて，まるで私
自身のことのような気がしました．私は正さんのように優秀で何でも
できる人間ではありませんが，男性介護者として妻のケアをしていて，
よく気づかされることがあります．それは「他人に頼ることがきわめ
て下手である」という事実です．

　認知症の専門医という仕事のためか，日ごろの臨床現場では困っている介護家族に対して「ひとりでがんばらずに周囲の人の手を借りてください．SOS を発信するのは恥ではなく，あなたの権利です」などといっているのですが，いざ，自分が妻と散歩に出かけると周囲の人に迷惑をかけないように，いつの間にかすべて自分でやっている自分に気づくことがあります．いつも「手っ取り早く自分が何でもやっていないか」むしろその点に気をつけなければなりません．

　そして今回，どうしても書きたいことがあります．それは介護において，介護職が何とかしたいと思っているのに，どうしても事態が動かないときがあるということを知ってもらいたいのです．

　たとえば最初に例として挙げた浅田敏子さんのように支援を拒否する期間があったとしても，なにかのチャンスでサービスを使い始めることがあり得ます．2 番目の例に挙げた高浜さんの夫の正さんのかたくなさが，なにかの理由で変わり，周囲の人の支援を受けるようになる可能性があります．

　過去に経験した例では，ご本人がちょっとしたことから自分の体が弱っていることに危機感をもって介護を求められたこともあります．家族が介護できなくなり，介護を求めてきたこともあります．

　そのとき，それは決して「遅すぎる」のではないといいたいのです．そのときこそチャンスです．動かないときには無理をせず，チャンスがくるのを待つ姿勢も大切なことだと思ってください．

忙しさから排泄介護を忘れたことの
こころの傷

　前項では認知症の人が支援を断る場合や，介護家族が周囲からの支
援を断ってしまう事態について書きましたが，本項では介護家族が，
つい仕事や日々の生活の忙しさからうっかりしてしまった結果が介
護の破綻を引き起こした例を紹介します．

（1）父親と営んだ豆腐店と介護
　これまでコラムに登場する人は個人情報の保護のために，複数の事
例を少しずつ重ね合わせて物語を作ることで特定の事例であること
がわからないように配慮してきました．20 年ほど前に（筆者の診療
所がある関西以外の）ある県で経験した話ですが，つらい結末から忘
れられない事例でもあります．
　87 歳になるアルツハイマー型認知症の父親を在宅でケアしている息
子がいました．金本信夫さん（49 歳）です．彼は軽度の知的障害をもち
ながらも寝たきりの父親の介護を 5 年以上続けてきました．
　母を 10 年ほど前に見送り，男性がひとりで父親の介護をしながら
仕事を続けていくのは並大抵の苦労ではなかったと思います．とくに
金本さんは父親といっしょに豆腐店を営み，地域でも評判の店だった
ことから，父親の介護をするようになっても仕事との両立を望んでいま
した．

（2）あの日の帰り際に

　私はそんな彼を地域の内科医（かかりつけ医）からの依頼で，時々訪問しながら，内科医と組んで担当することになりました．訪問看護ステーションや在宅療養支援診療所の仕組みができる前の話です．在宅ケアを受ける認知症の人や家族に対する医療は限られたものしかありませんでした．

　ある県（関西ではない地域）に2か月に一度ほど通い，内科医と役割分担をしていたはずでしたが，別れ際に「ところで金本さん，お父さんの便通の具合はどうですか」と気軽に聞いてしまいました．そのとたん，彼の顔色が変わりました．

「うわー」と大声を出した彼は，豆腐店の土間の奥にある小上がりの和室に向かって走り出しました．私はあっけにとられてその様子をみていましたが，彼がふすまを開けて父親の布団を上げたとき，目に飛び込んできたのは黒くなりカチカチに固まった父親の下着でした．だいぶ長い期間，下着を替えていなかったため，便がこびりついて固くなっていたのでした．それを慌ててはがそうと…．

　「やめろ！」とっさに彼の動きを制しようとしたのですが，私の声は間に合わず，金本さんは父親の下着を急いで引きはがしました．高齢であるうえに何年も寝たっきりだった父親の皮膚は弱っていたのでしょう．下着を無理に外そうとした結果，一瞬にして父親の下半身の皮膚までいっしょにはがれてしまいました．

　そのときの金本さんの悲鳴はいまでも耳の奥から消えることはありません．彼は近所の人を大声で呼んで助けを求め続けました．

（3）能力以上の負担

　父親の食事や店の仕事は何とかこなしていたものの，排泄（はいせつ）の処理をうっかり忘れてしまった金本さんは，私のひと言からそ

のことを突然，思い出しました．自分で気づくのと，私がいるところで思い出すのでは大違いです．彼の頭の中は真っ白になっていたことでしょう．

　その事件の後，地域の人々も，かかりつけ医と私も，彼のこころの傷を何とかサポートしようと思いました．父親の介護をしてきた彼が，つい忘れていたことから大きな事故になってしまったのであって，決して彼に介護忌避や怠慢があったわけではないことを彼自身に伝えようと努めました．

　その後，彼は父親の特別養護老人ホームへの入所措置が決まるまでは，淡々と介護の日々をすごしていましたが，入所が決まったのちにひっそりといなくなってしまいました．彼の消息はいまでもわかりません．実直で生真面目な彼は自分がしてしまったことを許すことができなかったのだと思います．本当ならその原因を作った私を責めてもよいはずなのに，そうはせずに自分を責めました．

　金本さんの場合にはいくつもの要素があって，単に熱心な介護者の「行き詰まり」とはいえませんが，私が訪問した間に彼の介護目標の設定が高くなったことは明らかです．

　当時，私は介護している彼をしっかりと評価したいと思うあまり，家に行くたびに「金本さん，今日もがんばって介護していますね．よくやっていると思いますよ」と言い続けていました．少しでも彼の努力を評価したいと考えてのことでしたが，いまから思えば精神科医として恥ずかしい思いです．妻の介護をして5年経ついまの私なら，あのとき，彼が目標を上げて，ついに自らの期待に沿えないようになるところまで，自分を追いやるまで褒めるようなことはしなかったでしょう．

（4）地域は温かいときも，冷たいときもある

　しかしこの話には，まだ書かなければならないことがあります．そ

れは彼のことを助けてくれたはずの近所の人が，その後，そこで起きたことを言いふらしたことです．あの日，大慌てで店の外に飛び出し，大声で助けを求めた彼を何人もの人が助けてくれました．ところが後日，だれかがあの日のことを周囲に話したことが判明しました．それも「因幡の白ウサギ事件」と，表皮がはがれたことを残酷な表現で話しました．面白おかしく話を作ったつもりでしょうが，それを聞いた彼は深く傷つきました．

　あの日，地域包括ケアの概念が理解されていたなら，このような展開にはなかったでしょう．もちろん，もっとも認識を改めなければならなかったのは私自身です．その場にいて事件を作る原因になってしまっただけでなく，侮蔑的な話を抑えることができなかった．20 年経った現在でも悔悟の念が消えることはありません．

祖母をたたく母の姿をみて

　認知症はあくまで病気の一形態ですが，その人の暮らし方や周囲との関係に大きく影響を受ける特徴があります．認知症介護を経験したことにより，介護者の人生を大きく変えるという事例を，私はこれまでに数多くみてきました．本項では，ケアの日々に「先に向かう光」を与えた話を，あえて誤解を恐れずに記したいと思います．

（1）研究室で聞いたことば

　かつて診療所の臨床と並行して週3日（午後のみ）大阪府内の福祉系大学の特任教員をしていたときのことです．自分が教員をしていながら恥ずかしい話ですが，当時の私は若い人たちが金銭的にはやや不利ともいえる条件にもかかわらず，自分の将来の仕事を介護や福祉と決めたことが不思議に感じていました．

　当時はゼミの学生が15人ほどいましたので，彼らに「どうして福祉や介護を生涯の仕事に選んだの？」と聞いてみました．

　相手は20代の学生．だれかから「これからは福祉の時代」と聞いてきたのだろうと思っていました．ところがそのときに返って来た答えに，私は驚かされ，その後の臨床医としての生き方を教えられました．みんながゼミを終えて帰宅した後，私の研究室にひとりの女子学生が戻ってきました．恋愛の悩み相談でも始まるかと思っていたのですが，手越真理さん（20歳）はぽつりぽつりと次のようなことを話し

始めました.

　「先生, わたし, 親の介護をみて育ちました. 母が認知症の祖母 (母親の母) を介護して9年, 私が小学生になったころから中学を卒業するまででした. 祖母のことはそれ以前, 祖父が見守っていました. その祖父が急死 (心筋梗塞) してしまい祖母がうちにやってきたのですが, それはもう混乱の真っ只中で, 毎晩明け方まで声を上げるのです. そのうちに夜中に起き出して朝方まで興奮するようになりました. 」

　「幸いにも近くに市民病院があり, そこに専門外来がありましたので母は祖母を連れて行っていました. 症状は "せん妄" というらしいと両親もいっていましたが, それがなにかは家族のだれもよくわかりませんでした.

　それでも薬を飲ませて『今晩は寝てくれるように』と, 私たちは願いましたが, 淡い期待はかなえられませんでした. 」

（2） ある夜にみた母の姿

　「そしてあの日がやってきました. 私が高校受験のための補講を終えて帰宅し, 玄関を開けると聞こえてきたのは母が泣き叫ぶ声でした. 普段は穏やかな性格の母なので, 私は大きな声で叱られた記憶すらないほどの人でしたが, あのとき, 母は『いい加減にしてよ, お母ちゃん』と叫びながら祖母の顔を何度もなんどもたたいていたのです. 」

　「後になってわかったことですが, 高校2年の兄がその日, 大学受験の準備に専念したいからと親戚の家 (母の姉の家) に行ってしまったらしいのです. 母は当初, 自分の母親だから娘の自分が介護できないはずはないと思っていたようです. でも, その母が私の兄のことを守れなかったことで, ついに燃えつきてしまったのだと, その日の私には直感的にわかりました. 」

　「でもね, 先生, わたし, あのときの母の姿にはびっくりしたけれど,

それで母を責めませんでした．むしろ，泣き叫んでいた母をみて"この人は人生をかけて私たち家族と母親を守ろうとしたのだ"と思いました．そんな母が介護し切れず祖母は入院することになり，入院からたった6日目に食べたものがのどに詰まり窒息して亡くなりました．」

　「その後の母は長く"うつ"と向き合っています．私は母に答えをあげたいです．私が介護の専門家になって，あのときの介護は，母にできる最高のことだったのだと，そして母は十分に祖母や私たちのために努力したことを証明してやりたいのです．先生のゼミに入って，医師でもある先生が介護のことをどのように考えているか，ぜひお聞きしたいです．」

（3）非力でも寄り添うこと

　話を聞いて，私は驚きました．彼女が母親を誇りに思い，その姿をみた自分が介護の専門職となって，自分を許せないでいる母親に許しを与えたいと願っている学生であることに．

　彼女はこうもいいました．

　「つらいことはたくさんあるけど，私がいちばんつらいのは祖母の混乱や母親の燃えつきではないのです．あの日の母親に『あなたは違っていなかった』といえる自分がいなかったことなのです」と．

　認知症を介護することはたくさんの難しい側面をもっています．介護しながら人は「こんな介護の姿をみて，子どもたちには悪影響がないだろうか」と心配もつきません．しかし，手越さんのように，母親の介護する姿をみたことで，人の支援をしようとする「次の世代」が生まれることもあります．

　難しい病気はたくさんあります．それを治すことができなくても，そこから逃げずに最後まで寄り添うことができるか，介護を支える医療者である私たちにはその問いが突きつけられています．私は，彼女

の言葉からもう一度，全面的に臨床の場に戻ることを決めました．治せなくても寄り添う人の存在が不可欠である認知症には，彼女のような介護の専門家の存在が不可欠であり，また，協力者として私たち医師の役割があるのだと信じています．

介護に明け暮れる人生の先にあるもの

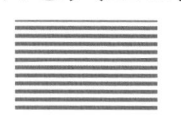

　多くの介護場面で「困難な介護」をしている人々がいます. 親の介護のために仕事を続けることができず, 退職せざるを得なくなった若者, 妻や夫のために人生の大きな目標を達成する前に社会から退き, 介護者に徹した人もいます. 私はこうした人々に対して, 医師としてできる限り「寄り添い支援すること」が自分の役割であると思ってきました. 「介護を頑張りすぎないで. 自分の人生こそ大切」と声をかけています. しかし, 私自身が妻の介護者になったとき, 真っ先に頭に浮かんだ考えは, 「これからの人生は介護だけで, もう終わりだ」という恐怖感でした.

（1）絶望が目の前に

　初めて来院した患者さんと介護者に会うとき, 私はまずしっかりと介護を評価します. 「立派に介護してきましたね. 辛い日々もあったでしょうね」と. でも, 自分が介護者となって思うのは, 本当にあのときの言葉は共感に満ちていたものだったろうかという疑問です.

　この5年半, 妻は認知症でこそありませんが, パーキンソン症状で筋肉が硬くなって歩きにくくなる症状と不安が出やすくなっていて, 私は毎日, 妻の夕食時には自宅にいないといけなくなりました.

　自分のなかの絶望感がピークになりかかっていた介護2年目の暮れだったと思います. これまで6年にわたって私の診療所まで県境

を超えて通院していた高松卓司さんという男性（46 歳）が，若年性アルツハイマー型認知症の妻への診察が終わったときに声をかけてくれました．

　「先生も仕事をしながら奥さんの食事の買い出しに行くのは大変でしょうね．僕も妻の介護のために仕事を半分に減らして，出世コースから完全に離れました．」

　高松さんが，奥さんを連れて通院を始めたときに聞いていた情報では，彼はトップセールスマンということでした．部長，役員と進んで社長を目指そうとしていたとき，妻の発病を知らされたとのでした．

　診察している人の家族に普通ならばこのようなことは聞かないはずですが，そのときの私は，気がつくと高松さんに対して「奥さんの介護で自分の未来が閉ざされた気持ちにはなりませんでしたか」と，自分の悩みを聞いていました．

（2）予期しなかった言葉

　そこで返ってきた高松さんの言葉に私は驚かされました．

　「もちろん自分の将来に絶望して，しばらく泥酔の日々が続きました．でも介護を続けて 3 年ほど経ったころから気持ちが少しずつ変わってきました．僕は妻を介護して『だれかのために生きる』という前向きな考え方に出会い，希望をもつことができるのだと知りました．」

　高松さんが勤めていた会社は，毎月の営業成績で社員が競い合い，ライバルを押しのけて優位に立つことを求めていました．23 歳で大学卒業後に就職してから 20 年以上，高松さんは仕事のやりがいや社会的な意味よりも，成績を伸ばすことに集中してきました．それが介護者の生活になると，これまでの価値観だった営業成績という「生きがい」が崩れました．

　高松さんの言葉はさらに続きました.

　「僕がこれまでの人生を問い直したのは, 妻の介護で介護職の人たちに出会ったからです. 人ごとなのに自分の家族に対するように彼らは仕事をしていました. 僕は仕事というものは成績を上げることだと信じていましたから, 最初はだまされた気持ちになりました. 」

　「でもね, 介護が始まって1年も経つとなにか困ったことがあるとケアマネジャーの福島さんやホームヘルパーの山下さんの顔が浮かぶようになりました. 2人とも自宅に戻ると認知症の親を介護しているんですって. そんな状況なのに人の支援をしているなんて. 介護をしていながら人を支えようとする人がいるということを知って人生の見方が変わりました. 」

　「それから数か月後のある日の夕食のときでした. なぜあのような気持ちになったのか, いまでもわかりません. でも, ふと自分が『こうやって介護人生を送るのもよいかな』とぼんやり考えていたことに気づき驚きました. 」

　「また最近は, 先生の姿からも影響を受けました. それは先生が妻を診てくれたあとに, ご自身の介護のことも話すでしょう. それって僕も先生も介護している仲間だという気がして, これまでより先生に何でもいえる気がするようになりました. お互い介護者として支え合っている気がして, "こういう生き方" もあると知ることができてよかったと思っています. 」

（3）当たり前のようにそこにいること

　私がこれまで持ち続けてきた「支援」という考え方は, 医師としては当たり前の姿勢です. 目の前に困っている人がいて, 自分が医療を担当するのなら, その人や家族を「支援」するのは当たり前のことであり, そのような職業を選んだ自分が, 介護者に寄り添う言葉をかけ

るのは当然です.

　しかし今回, 自分が妻の介護者となったときに高松さんから聞いた希望の言葉は, これまでの自分の「立ち位置」を根底から変えました. それは, 自分が人を支援することで, 実は患者さんや家族から私自身がいつも支えられていたことに気づいたからです. 介護の世界は, 支援する側とされる側の敷居は高くありません. なぜなら認知症や介護はだれにでも起きる可能性があり, 決して特別な人にだけ訪れることではないからです.

　認知症の診療をして家族の支援をするという「ものの見方」は, 自分が介護する生活になって, 「支援」や「寄り添い」ではなく, 同じ立ち位置から「当たり前のようにそこにいる」という共感になりました.

　この肯定的な変化を「新しい自分」と呼ぶのか. それともやっとこの年齢になってそのような「当たり前のこと」に気づいたというか, それはこの先にわかってくることでしょう. この先, なにを見るかなにを感じるのか, じっくりと覚悟を決めてこの先の自分の役割を考えていくことにしたいと思います.

松本　一生（まつもと　いっしょう）

松本診療所（ものわすれクリニック）理事長・院長
大阪市立大学大学院（生活科学研究科）客員教授
日本認知症ケア学会理事，日本老年精神医学会評議員・指導医・専門
医，日本精神神経学会指導医・専門医，大阪府認知症施策推進会議メン
バー，精神保健指定医，歯科医師，ケアマネジャー

専門領域
老年精神医学（認知症）　介護家族・支援職の心のケア

著書
「喜怒哀楽でわかる認知症の人のこころ」中央法規（2010）
「認知症家族のこころに寄り添うケア」中央法規（2013）
「介護職と支える認知症」ワールドプランニング（2015）
「介護のこころが虐待に向かうとき」ワールドプランニング（2016）
「あなたがいるだけでこの世は意味がある」ワールドプランニング（2018）など

いのちとの出会い
認知症という病気に向き合うために

2019 年12月12日　第1版 第1刷
2025 年 2 月20日　第1版 第2刷

定　価　本体1,500 円＋税
著　者　松本　一生
発行者　吉岡　正行
発行所　株式会社 ワールドプランニング
　　　　〒162-0825　東京都新宿区神楽坂4 - 1 - 1
　　　　Tel : 03-5206-7431　Fax : 03-5206-7757
　　　　E-mail : world@med.email.ne.jp
　　　　http : //www.worldpl.com
振替口座　00150-7-535934
表紙イラスト　吉田勇亮
本文イラスト　ふくいのりこ
印　刷　三報社印刷株式会社